Love is Action

사랑은
동사다

사랑은 동사다

조봉희 지음

교회성장연구소

사랑하기를 멈추지 마십시오

대학 2년 때 일이다. 내가 타고 가던 버스가 미군 군용차와 정면충돌하였다. 미군 지프가 중앙선을 침범하여 달려온 것이다. 그 차는 순식간에 전복되어 불에 타고 있었다. 조수석 병사가 화염과 폭발로 즉사하는 광경을 망연히 지켜보아야 했다. 다행히 운전병은 온몸에 불이 붙은 채로 뛰쳐나왔다. 나는 그 찰나적인 순간에 버스에서 뛰쳐나가 그 병사를 끌어안고 길옆 아래로 몇 바퀴 뒹굴었다. 나와 그의 몸이 하나가 되어 때굴때굴 굴렀다. 다행히 온몸을 휘감았던 불을 꺼줄 수 있었다. 짧은 순간이지만 흑인 병사의 털 타는 냄새가 아주 고약했다. 불에 익은 살이 묻어나기도 했다. 본능적인 순발력으로 살려 냈다. 그리고 그는 군대 구급차에 실려 호송되어 갔다. 한순간에 벌어진 일이었다. 지금도 그 형제를 천국에서 만나

기를 바라는 마음 간절하다.

사람은 누구나 위기의 순간에 살신성인으로 뛰어든다. 물에 빠진 사람 건져 주려고 물속으로 뛰어든다. 불 속으로 몸을 던진다. 전쟁터에서 부상을 당한 전우를 살려 내려고 빗발치는 포화 속으로 몸을 날린다. 경찰이나 소방대원들이 순직하는 이유가 여기에 있다. 사람의 내면에는 사랑의 본능이 잠재하고 있기 때문이다. 사랑은 사람을 움직이게 한다.

그래서 사랑은 명사가 아니라, 동사다. 사랑이라는 말 자체가 능동형이다. 사랑은 표현하고, 다가가고, 만져 준다. 사랑하는 만큼 웃어 주고 울어 준다. 같이 느끼고, 공감한다. 그래서 사랑은 정지 상태로 있지 않는다. 누군가를 향해, 어딘가를 향해 움직인다. 찾아간다. 말한다. 그 어떤 희생도 불사한다. 사랑하기 때문이다. 요즘 컴퓨터나 스마트폰은 이제는 제품이 아니다. 사물 인터넷과 다방면으로 연결되어 있다. 전파를 타고 서로에게로 흘러간다. 이처럼 그들도 더 이상 명사형 기계제품이 아니다. 활동하는 매체다. 이것이 4차 산업혁명 시대를 이끌어 가는 인공지능이다. 알파고가 보여 준 것처럼 전자제품도 동사형이다.

사랑이 그렇다. 사랑은 형이상학적 명사로 머물러서는 안 된다. 행동으로 옮겨지는 동사여야 한다. 그렇다면 나의 사랑은 과연 얼마나 동사 지향적인가? 얼마나 실천적인가?

어느 정신과 병원 의사가 공감되는 내용을 보도해 준다. 알코올중독자 한 분이 술을 마신 채로 운전하다가 상대방 차선으로 들어가 오던 차와 부딪쳤다. 충돌한 순간까지는 기억하는데 그 후 자신이 피 흘리며 쓰러져 있는 모습을 스스로 보게 되었다. 소위 임사체험(?) 비슷한 것을 한 셈이다. 평생의 부끄러운 경험이 영화 필름처럼 지나가면서 어떤 빛 되신 분을 만났다. 그는 비몽사몽 혼수상태였는데, 그 빛 되신 분이 이런 진지한 질문을 하더라는 것이다.

첫째는 "그대가 땅에 사는 동안 사람을 얼마나 사랑하였느냐"는 질문이었고, 둘째는 "그대가 땅에 사는 동안에 사명을 얼마나 감당하였느냐"는 질문이었다. 핵심은 두 글자다.

"사랑의 사명"

오늘 필자도 스스로 물어본다.

"나는 사랑의 사명을 얼마나 잘 이행하며 살고 있는가?"

그런데 나의 사랑 이전에 그의 사랑이 우선한다. 내가 사랑의 삶을 살기 전에, 그가 나에게 사랑의 DNA를 불어넣어 주셨다. 나를 만드신 하나님은 그 본성이 사랑이기 때문이다. 이것이 성경의 주제다.

하나님을 향한 나의 사랑이 아니라, 나를 향한 하나님의 사랑이 복음의 핵심이다. 나의 사랑이 아닌, 그의 사랑이 주제다. 그러므로 '우리 자신'이 해야 하는 일을 강조한다면 그것은 율법의 행위론이고, '예수님'이 이미 하신 일을 강조한다면 그것은 복음 자체다. 성경은 '예수님께서 지금도 당신을 위해서 얼마나 놀라운 사랑을 하고 계시는가.' 그것만 믿으라고 한다. 하나님이 독생자 예수님을 십자가에 못 박혀 죽도록 내어 주실 만큼 우리를 사랑하신다면 그분은 하늘이 두 쪽 나도 당신을 포기하지 않으신다. 당신은 수많은 무리 중에 한 사람이 아니라, 하나님이 온 우주 만물 중에서 특별히 사랑하시는 바로 그 주인공이다.

그래서 필자는 그의 사랑을 강조하고자 한다. 그분이 나를 얼마나 황홀하게 사랑하시는가? 그 놀라운 사랑을 받고 있는 나이기에 사랑의 삶을 살아갈 수 있는 것이다.

그분이 베풀고 계시는 사랑의 깊이를 파헤쳐 보면 나의 사랑보다 그의 사랑이 훨씬 더 고결하다. 황홀하다. 숭엄하다. 나의 사랑이 일차원적이라면, 그의 사랑은 고차원적이다. 깊고 넓다. 희생적이다. 그 어떤 조건도 없고, 제한도 없다. 그야말로 무한무변이다. 영원하다. 바로 그 사랑으로 나를 사랑하신다. 그래서 사도 바울은 로마서 8장 31절에서 이렇게 가슴 벅차게 찬탄한다.

"그렇다면 과연 누가 우리를 그리스도의 사랑에서 끊을 수 있겠습니까?"

우리는 이런 엄청난 사랑을 받고 있는 행복자다. 그분의 사랑을 확신할수록 인생은 든든해진다. 흔들리지 않는다. 가슴 깊은 사람이 되고, 큰 심장의 사람이 된다.

이런 맥락에서 요한은 예수님께로부터 사랑을 가장 많이 받은 사람으로서 이렇게 호소한다(요일 4:7).

"사랑하는 친구 여러분, 사랑은 하나님에게서 오는 것이니,

사랑하기를 멈추지 마십시오."

당신이 그분의 사랑을 받은 자라면, 사랑의 행동을 멈추지 말라고 당부한다. 사랑을 동사화시켜서 살아가라는 당부다. 이 책이 비록 짧은 분량의 내용이지만 한 문장을 통해서라도 사랑의 사람으로 성화되기를 소원해 본다. 사랑은 당신을 움직이게 한다.

끝으로 이 책을 만들어 내기 위해 사랑의 수고를 아끼지 않는 손길에 감사를 드린다. 교회성장연구소 편집 팀과 나의 행복한 동역자 박미혜 목회실장에게 큰 감사를 표한다. 세월의 유수만큼 원숙한 사랑의 베테랑이 되어 가고 있는 나의 아내와 지구촌교회 교우들에게 이 책을 바친다.

더 사랑하고픈 **조봉희**

목차

1부
사랑은
무한무변
고린도전서 13장
사랑은 동사다

1장
사랑하는 만큼 큰 사람입니다

너희는 더욱 큰 은사를 사모하라 내가 또한 가장 좋은 길을 너희에게
보이리라 (고전 12:31)

사랑을 추구하며 신령한 것들을 사모하되 특별히 예언을 하려고 하라
(고전 14:1)

우리에게는 내리사랑과 함께 마주사랑이 필요합니다. 위로
부터 내려오는 내리사랑이 중요한 만큼 동시에 서로서로 위로
하고 격려해 주는 마주사랑도 중요합니다. 특히 마주사랑이
란 같은 위치에 있는 사람이 서로 위로와 격려를 나누는 사랑
을 의미합니다.

사람들이 한 번이라도 더 듣고 싶어 목말라하는 말이 있다
면 '사랑한다'입니다. 당신은 어떤 사랑의 고백을 듣고 싶습니

까?

"자기야 사랑해. 여보, 사랑해. 아들아, 딸아 사랑해. 엄마 아빠 사랑해요. 할아버지 할머니 사랑해요. 목사님, 장로님, 집사님 사랑해요. 선생님 사랑해요. 친구야 사랑해. 내 몸아 사랑해. 주님 사랑해요."

우리 동양 문화권에서는 사랑한다고 말하는 것을 정서적으로 부담스러워 합니다. 그럼에도 불구하고 '사랑'이라는 단어는 우리에게 많은 의미를 제공합니다. 문학가, 철학자, 사상가, 신학자들은 그 의미가 자그마치 1,300개 이상이라고 말합니다. 예를 들어 보면 "좋다, 즐겁다, 아름답다, 매력적이다, 고귀하다, 복되다" 등등이 있습니다. 이처럼 사랑이라는 단어가 담고 있는 가치는 방대합니다.

제 목회의 가장 큰 약점은 사랑목회입니다. 부드럽거나 따뜻하지 못합니다. 살갑지 못합니다. 실력 있는 사람, 재주가 뛰어난 사람, 사업을 잘하는 사람, 리더십이 탁월한 사람이라는 말을 듣는 대신, 사랑의 사람(man of love)이라는 평가를 받는다면 아마도 그는 행복한 성공자일 것입니다.

‘사랑의 사람’은 고린도전서를 통해 함께 보고자 하는 중요 메시지입니다. 고린도전서는 교회에서 우리가 어떻게 재능을 활용하며 섬겨야 하는지에 대한 실천지침서입니다. 이것이 오늘 본문의 메시지입니다. 우리가 그 어떤 재능의 사람이 되기 전에, 먼저 사랑의 사람이 되라는 것입니다.

고린도전서 12장은 교회를 섬기는 은사의 종류를 소개합니다. 그리고 14장은 은사 활용을 설명합니다. 그런데 그 중간에 삽입된 13장은 은사를 사용하는 기본자세, 곧 사랑을 정의해 줍니다.

너희는 더욱 큰 은사를 사모하라 내가 또한 가장 좋은 길을 너희에게 보이리라(고전 12:31)

표준새번역은 이 구절을 더욱 생동감 있게 번역합니다.

그러나 여러분은 더 큰 은사를 열심히 구하십시오. (사랑) 이제 내가 가장 좋은 길을 여러분에게 보여 드리겠습니다.

그리고 14장 1절에서 이렇게 당부합니다.

사랑을 추구하며 신령한 것들을 사모하되 특별히 예언을 하려고 하라(고전 14:1)

이를 메시지 성경 번역으로 살펴보면 이렇습니다.

여러분의 생명이 사랑에 달려있다는 듯이, 온 힘을 다해 사랑의 삶을 추구하십시오.

다시 12장 31절의 뜻을 살펴보겠습니다. 여기 '가장 좋은 길'은 '탁월하게 훌륭한 길'(the most excellent way)을 뜻합니다. "가장 좋은 길을 너희에게 보이리라"에 대하여 신학자들이 다양하게 풀이합니다. 요셉 비트(Joseph A. Beet)는 "뛰어나게 좋은 길을 너희에게 보이리라"라고 했으며, 리아스(J. J. Lias)는 좀 더 역동적으로 번역합니다. "탁월하게 훌륭한 길을 너희에게 보이리라."

성령이 주시는 지혜와 지식의 말씀, 병 고치는 은사, 능력 행함, 영분별 그리고 방언과 통변은 누구나 갖고 싶어 하는 은사입니다. 그런데 바울은 이보다 더 뛰어나고 탁월하며 훌륭한 길을 보여 주겠다고 소개합니다. 그것이 바로 사랑입니다.

이처럼 바울은 성령의 은사(gift of the Spirit)보다 성령의 은혜(grace of the Spirit)를 더 중시합니다. 다시 말해 성령이 주시는 사역적 재능보다, 성령이 빚어 주시는 사랑의 품성이 더 중요합니다.

하나님께서 기쁘게 받으시는 봉사도 일로 하게 되면 금방 지칩니다. 그러나 주님을 사랑하고, 교회를 사랑하고, 성도를 사랑함으로 행하면 그 일은 즐겁고 행복을 가져다줍니다. 사랑하는 마음으로 일하면 그 섬김이 즐겁고 행복합니다. 사랑이 우선입니다.

저의 관심은 언제나 '사랑의 사람'이 되는 것에 있습니다. 그래서 기도할 때도 사랑에 관해 설교하지 않고, 사랑을 설교할 수 있도록 은혜를 구합니다.

마더 테레사 역시 사랑에 관심이 많았습니다. 그래서 그녀는 일과 사랑에 관해 이렇게 압축합니다.

"우리가 얼마나 많은 일을 하느냐보다, 얼마나 많은 사랑을 실천에 옮기느냐가 중요합니다."

우리의 삶에서 남는 것은 사역이 아니라, 사랑입니다. 사역도 끝나고, 사람도 떠나가지만, 사랑은 영원히 남습니다.

제가 좋아하는 아름다운 에피소드가 있습니다. 바로 아프리카 밀림의 선교사 리빙스턴에 관한 이야기입니다.

그가 죽은 지 삼 년이 지난 후에, 영국교회의 지도자 헨리 드루먼드(H. Drummond)가 아프리카를 방문하였습니다. 그는 그곳에서의 사역을 점검하면서 리빙스턴이 사역했던 원주민들, 특히 그의 생전에 가까이했던 사람들에게 물었습니다.

"리빙스턴 선교사님에게서 무엇을 배웠습니까? 혹시 기억하고 있는 내용이 있습니까?"

질문을 던진 헨리는 그들로부터 놀라운 대답을 들었습니다.

"사실 리빙스턴 선교사님이 가르쳐 준 것은 모두 잊어버렸습니다. 기억나는 내용이 별로 없습니다. 하지만 한 가지는 분명합니다. 그는 우리를 사랑했습니다.”

저는 이 이야기 앞에 늘 가슴이 먹먹하고 숙연해집니다. 우리가 열심히 가르치고 있는 성경개요와 제자훈련 같은 다양한 양육 프로그램들은 며칠 지나고 나면 다 잊어버립니다. 하지만 그 가운데 사랑을 받게 된다면 그 기억은 평생 잊지 못하는 감동으로 남습니다. 이처럼 사랑은 결코 잊히지 않습니다. 고결한 감동과 추억으로, 영원한 존경으로 남습니다.

시인 하이네는 다음과 같이 노래합니다.

“인생이 아름다운 것은 하늘에는 별이 있고, 바다에는 진주가 있고, 땅에는 꽃이 있고, 무엇보다 우리의 가슴에 사랑이 있기 때문입니다.”

우리가 차가운 이성의 사람보다는 따뜻한 마음을 가진 사람이 된다면 얼마나 좋을까요? 생각이 올곧으면서도, 가슴이 따듯하면 얼마나 좋을까요.

문제를 얼마나 완벽하게 해결하느냐로 평가받기보다, 얼마나 원숙한 사랑으로 풀어 가느냐로 존경받을 수 있습니다. 인생의 실력은 사역의 성취에 있지 않고, 사랑의 성품에 있습니다.

미국의 고급 자동차회사 SAAB의 CEO를 지냈고, 현재 HEF의 회장인 조엘 맨비(Joel Manby)가 쓴 책이 매우 흥미롭습니다. 그 책의 이름은 《사랑은 거북이도 뛰게 한다》입니다. 그는 기업경영에서도 사랑이 통한다고 강력하게 주장합니다. 기업문화에서도 사랑의 효과가 굉장하다는 것입니다. 그는 최고의 조직운영 방식은 '사랑으로 이끄는 리더십'이라고 말합니다. 소위 사랑경영입니다.

기독교 역사의 성자 어거스틴은 제자들에게 사랑에 관해 이렇게 말했습니다.

"그대들은 진리를 한 번 강조할 때 사랑은 두 번 강조하십시오. 세상은 우리의 사랑을 통해서만 진리를 분별할 수 있기 때문이오."

사랑만이 최고의 해법입니다. 누가 뭐라고 해도 우리는 사랑하는 만큼 큰 사람이 됩니다.

사랑이 큰 자가 되려면 어떻게 해야 할까요? 성경이 가르쳐 주는 원리는 무엇일까요?

1
자기를 희생하며 사랑하는 자가 큰 자입니다

진정으로 사랑하려면 자기를 비워 내야 합니다. 사랑이 참되기 위해서는 그 대가를 치러야 합니다. 사랑이란 자기 것을 기꺼이 포기하고 희생하는 것입니다. 때로는 상처 입을 각오도 해야 합니다. 마더 테레사의 지론처럼, 상처 입을 각오로 사랑하면 상처는 없고 사랑만 깊어집니다.

서양 속담에 "계란을 깨지 않고서 오믈렛을 만들 수는 없다"(You can not make an omelet without breaking eggs)는 말이 있습니다. 이것은 희생 없이는 수확도 없다는 뜻입니다. 단단한 흙이 깨어져야 도자기가 만들어지고, 논밭의 흙이 부서져야 곡식이 열매를 맺습니다. 그렇습니다. 사랑은 자기를 희생하는 것입니다. 예수님은 우리를 사랑하시기에 기꺼이 십자가를 지고 희생하셨습니다. 그것이 바로 아가페 사랑입니다.

우리가 말하는 사랑에는 네 종류가 있습니다. 그것은 '에로스'(Eros, 정애 情愛), '필리아'(Philia, 우애 友愛), '스톨게'(Storge, 열애 血愛), '아가페'(Agape, 헌애 獻愛)입니다.

'에로스'는 이성 간의 감성적 사랑, '필리아'는 친구들의 우정 사랑, '스톨게'는 가족 간의 사랑인 반면, '아가페'는 자기를 희생하는 사랑입니다.

스티븐 데이비(Steven Davey)는 사랑을 이렇게 정리합니다.

- **스톨게** 당신이 나의 가족이기 때문에 내가 당신을 사랑합니다.
- **아가페** 나는 당신을 가족으로 여기며 사랑합니다.

- **필리아** 당신이 나와 같기 때문에 내가 당신을 사랑합니다.
- **아가페** 당신이 나와 달라도 나는 당신을 사랑합니다.

- **에로스** 당신이 나의 필요를 채워 주기 때문에 내가 당신을 사랑합니다.
- **아가페** 내가 당신의 필요를 채워 드리기 위해 사랑으로 헌신합니다.

이런 아가페 사랑의 가슴을 품고 살아간다면 당신은 큰 사
람입니다.

사랑하는 만큼 그 사람은 큰 자입니다.

2
조금이라도 더 사랑하는 자가
큰 자입니다

저는 요즘 스스로에게 이런 질문을 던져 봅니다. "나는 얼
마나 사랑으로 길들여져 가고 있는가?" 우리 아버지들에게 묻
고 싶습니다. "다른 분야에서는 전문가이지만, 당신은 얼마나
사랑으로 길들여져 가고 있습니까?" 특별히 남자들에게 호소
해 봅니다. "내 성품이, 기질이, 성향이 얼마나 사랑으로 길들
여져 가고 있습니까?" 다른 모든 면에서 좋은 특성을 갖추고
있어도 사랑으로 길들여지지 않았다면 인생은 마이너스입니
다.

이해인 시인의 책 《사랑할 땐 별이 되고》에서 사랑의 길들

임을 이렇게 설명합니다.

"사라져도 슬프지 않은 별이 되기 위해서도 우리는 오늘 이 순간을 놓치지 말고 사랑으로 길들이며 사랑 속에 살아야겠지요."

우리가 사랑으로 길들여져서 조금이라도 더 사랑하며 산다면 자기 스스로 별이 됩니다.

갈로(Jean Galot)의 시로 사랑에 대한 주요 메시지를 대신합니다.

더 깊이 사랑하여라

충분히 노력하였다고 생각될 때
한 걸음 더 나아가 깊이 사랑하여라.
어려움에 직면하여
더 이상 그를 위해 노력하고픈 마음이 없어질 때
더욱 분발하여 장애(걸림돌)를 더 깊이 사랑하여라.
편한 것을 찾아 이웃을 위해 좀 더 힘써야 할 내 몫을
털어 버리고 싶을 때

이러한 마음을 초월하여 더 깊이 사랑하여라.

이기심에서 자신의 껍질 속에 숨어 버리고 싶을 때

그 껍질을 깨뜨려 버리고

네가 먼저 저 상대방에게 한 걸음 더 다가가거라.

부정의 희생물이 되어 항의하고 싶을 때

더 큰 사랑으로 침묵하여라.

타인의 허물을 들어 말하고 싶을 때

마음속의 사랑을 일깨워 화제를 바꾸어라

타인을 위해 희생을 치르고픈 마음이 없어질 때

더 큰 사랑으로 관대한 길을 택하여라.

사람을 소중히 여기는 것이 어렵고 이에 대해 반발을 느낄 때

핑계나 위령을 빼버리고 더 큰 사랑을 가져라.

모든 것은 본연의 고요를 되찾아야 하는 것

사랑의 법 실천하기를 거절하고픈 때

언제나 마음을 활짝 열어 더 깊이 사랑하여라.

저는 이렇게 외쳐 봅니다. 지금까지 해온 것보다 더 사랑하

며 살아간다면 당신은 큰 사람입니다.

3
끝까지 사랑하는 자가
큰 자입니다

예수님은 요한복음 13장 1절에서 이 세상에 살고 있는 사람들을 사랑하시되, 끝까지 사랑해 주심을 보여 줍니다. 성경에서 '끝까지'라는 말은 끝없이, 영원히, 끝의 끝까지라는 표현입니다. 헬라어로 '에이스 테로스'(εἰς τέλος)입니다. 이는 최후의 순간까지, 완성될 때까지, 완전에 이르기까지라는 뜻입니다.

예수님의 사역은 사랑으로 시작하고, 사랑으로 완성하십니다. 예수님은 십자가에 못 박혀 죽기까지 사랑하셨습니다. 그러므로 사랑은 계속하는 것입니다. 끝까지 하는 것입니다. 최대치로 하는 것입니다.

금세기 사랑의 성녀 테레사는 우리의 사랑이 참되려면 지치지 않고 사랑하는 것이라고 말합니다.

“사랑이 참되려면, 탁월한 사랑이어야 한다고 생각하지 마십시오. 우리에게 필요한 것은 지치지 않고 사랑하는 것입니다.”

때로는 상대방이 내 마음을 몰라주고 오히려 오해할 수도 있습니다. 아무런 반응이 없을 때도 있습니다.

그래서 우리 모두에게 이런 다짐이 필요합니다. “나는 끝까지 사랑하리라.”

예수님처럼 자기희생을 감수하며 사랑하고, 조금이라도 더 사랑하고, 변함없이 끝까지 사랑하며 산다면 당신은 큰 사람입니다. 중도에 포기하고 싶어도 다시 이겨 내고 끝까지 사랑의 마음을 품고 살아간다면 당신은 대인입니다.

라틴어로 유명한 문장이 하나 있습니다.

“아마위무스, 아마무스, 아마비무스.”(Amavimus, Amamus, Amabimus.)

이를 우리말로 직역하면 “우리는 사랑하였고, 우리는 사랑하고 있으며, 우리는 사랑할 것입니다”입니다.

이런 바람으로 바울은 고린도전서 14장 1절에서 간곡하게 호소합니다.

여러분의 생명이 사랑에 달려있다는 듯이, 온 힘을 다해
사랑의 삶을 추구하십시오(메시지 성경).

2장

사랑은 동사입니다

내가 사람의 유창한 말과 천사의 황홀한 말을 해도, 사랑하지 않으면, 나는 녹슨 문에서 나는 삐걱거리는 소리에 지나지 않습니다. 내가 하나님의 말씀을 힘차게 전하고, 그분의 모든 비밀을 드러내고, 모든 것을 대낮처럼 환히 밝혀도, 또 내가 산에게 '뛰어올라라' 명하면 산이 그대로 뛰어오를 만큼의 믿음을 지니고 있어도, 사랑하지 않으면 나는 아무것도 아닙니다. 내가 가진 모든 재산을 가난한 사람들에게 나누어 주고, 순교자처럼 불살라질 각오를 하더라도, 사랑하지 않으면, 아무 소용이 없습니다. 내가 무엇을 말하고 무엇을 믿고 무슨 일을 하든지, 사랑이 없으면, 나는 파산한 사람이나 다름없습니다.

(고전 13:1~3, 메시지 성경)

할아버지나 할머니께서 손주들과 함께 있는 모습을 가끔 볼 때가 있습니다. 그런데 신기하게도 이분들이 큰소리로 꾸짖거나 반복해서 주의를 주지 않았는데도 손주들이 말을 잘 듣고 따릅니다. 무슨 특별한 양육 비법을 가지고 있기 때문일까요? 저는 그 이유를 사랑이 원숙하기 때문이라고 말하고 싶습니다. 젊은 사람일수록 사랑이 미숙합니다. 자신이 사랑한다는 사실을 행동으로 보여 주지 못하고 말로만 표현합니다. 이것이 바로 젊은 부부의 자녀 양육 모습에서 잔소리가 많이 나오는 이유입니다. 진정한 사랑은 말이 아닌 행동입니다. 이론이 아닌 실천입니다. 변론이 아닌 변호입니다. 한마디로 사랑은 명사가 아닌 동사입니다.

고린도전서 13장은 사랑을 추상이 아닌, 실제로 정의합니다. 그것은 두 단어로 압축할 수 있습니다. 바로 do와 don't입니다. 우리가 진정으로 사랑한다면 무엇을 해야 할 것인가, 또 무엇을 하지 말아야 할 것인가를 조목조목 설명합니다. 따라서 우리가 고린도전서에서 얻을 수 있는 교훈은 바로 사랑은 명사가 아니라 동사라는 사실입니다.

조신영 작가는 《중심》이라는 책에서 "사랑은 동사입니다"라고 정의합니다. 내용이 아름답습니다.

사랑은 명사가 아닙니다.
사랑은 아무리 아름답고 깊다 할지라도
사랑이 움직이지 않는다면

그것은 이미 생명이 떠난 것입니다.

사랑은 행동입니다.

살아 움직이는 것이며

감동시키는 것이며

변화시키는 것입니다.

사랑한다고 말하면서

나를 주지 않는다면 그것은 사랑이 아닙니다.

사랑한다고 말하면서도

나를 포기하지 않는다면 그것도 사랑이 아닙니다.

사랑은 나를 온전히 주는 것입니다.

사랑은 동사입니다.

사랑하기를 주저하지 마세요.

그렇다면 우리가 어떻게 해야 사랑을 동사로 만들 수 있을까요?

1
말보다 사랑을
우선해야 합니다

바울이 편지를 쓰고 있는 고린도라는 도시에는 세계적인 웅변가들이 많았습니다. 데모스테네스, 소포클레스, 유리피데스 같은 달변가들이 당대의 우상이었습니다.

사람들은 웅변의 재능을 높이 평가했습니다. 그들은 연설장에 가서 웅변가의 말을 듣는 것을 즐겼습니다. 이런 문화 속에서 말 잘하는 사람은 사람들에게 우상이요, 영웅이 되었습니다.

하지만 사랑이 없는 달변이나 웅변은 사람들의 마음에 혼란과 분열만을 일으킵니다. 그들은 다만 말로 한몫을 보려고 합니다. 이익을 챙기기 위해 사람들을 홀리니 시험에 들게 할 뿐입니다.

사람들이 가장 많이 시험 들고 상처 받는 요인이 무엇입니까? 그것은 바로 '말'입니다.

무심코 내뱉은 말, 가시 돋친 말, 정제되지 않은 말, 덕스럽지 못한 말 때문에 상처를 입습니다. 신빙성 없는 말이 실망을 줍니다. 말로 이익을 보려는 욕심이 남에게 상처를 입힙니다.

때로는 우리가 옳은 말을 하더라도 사랑으로 하지 않으면 상처를 줍니다(엡 4:15). 그러므로 말보다 사랑이 우선되어야 합니다.

사랑은 웅변가들의 화려한 언어 구사력을 뽐내는 경연대회가 아닙니다. 말재주, 문장력, 유창한 화술은 오히려 역겨움을 초래합니다.

바울은 "내가 사람의 방언과 천사의 말을 할지라도 사랑이 없으면 소리 나는 구리와 울리는 꽹과리가 된다"(고전 13:1)고 적나라하게 표현합니다. '소리 나는 구리'에 해당하는 헬라어 '쿰발론'(κύμβαλον)은 헬라문화권에서 무당이 황홀경에 들어가기 위해 사용하던 악기입니다. 또한 '울리는 꽹과리'에 해당하는 '아라라조'(ἀλαλάζω)는 황홀한 제사의식 때 나는 소리를 의미합니다.

현대적으로 바꿔 말하자면 "아무리 유창한 말과 황홀한 말을 해도 사랑 없는 웅변은 녹슨 문에서 나는 삐걱거리는 소리에 불과하다.”고 할 수 있습니다. 다시 말해 그 어떤 미사여구도 사랑이 없으면 무의미하다는 뜻입니다.

어떻습니까? 당신의 말은 허공을 치는 잡음입니까? 혹은 가슴을 움직이는 사랑의 화음입니까? 모세는 언변이 부족했어도 사랑의 힘으로 이스라엘 300만 군중을 인솔할 수 있었습니다. 사도 요한은 과묵한 사람이었으나 사랑의 리더십으로 사람들의 가슴에 감동을 주었습니다.

우리의 말 속에 사랑이 있어야 사람의 마음에 감동을 줍니다. 바울은 이렇게 결론을 내립니다.

일만 마디의 횡설수설보다, 감동을 주는 다섯 마디 말이 더 효과적이다(고전 14:19)

미국 제44대 오바마 대통령이 우리에게 좋은 모범입니다.

지난 2009년 ‘희망과 변화’를 기치로 무대 위로 오른 젊은 흑인 대통령 오바마, 그의 정책이 단기적인 효과를 내지 못한다는 비판도 있었지만, 60%의 높은 지지율로 임기를 마쳤습니다. 오바마 대통령이 이처럼 큰 박수를 받는 것은 그의 모든 정책이 완전무결하기 때문은 아닙니다. 그가 몸으로 보여 준 사랑과 소통의 리더십 때문입니다. 총기로 희생된 아이들 생각에 눈물을 흘렸던 그는, 장례식에서 추도사 도중 '어메이징 그레이스'를 불러 깊은 마음을 나누기도 했습니다. 한 젊은 이가 자신의 연설을 방해하는 돌발 상황에서도 포용으로 그의 말에 귀를 기울였습니다. 백악관 직원의 아이가 원하자 서슴없이 자신의 머리를 만지게 하고, 미화원과 격의 없이 주먹 인사를 하는 모습이 어색하지 않았습니다. 눈물의 진정성과 함께 언제나 여유와 유머를 잃지 않았던 오바마 대통령. 진정한 권위가 어디에서 나오는지를 잘 보여 줬습니다.

오늘 우리도 말보다 사랑이 앞설 수 있기를 바랍니다.

2

지식보다 사랑을
우선해야 합니다

우리가 살고 있는 21세기는 지식 사회입니다. 명민한 예지와 통찰력이 필요합니다. 하지만 2절 말씀처럼 높은 수준의 박학다식으로는 영혼을 감동시키지 못합니다. 누군가의 말대로 '사랑이 없는 지식은 살 없는 뼈'와 같습니다. 사랑 없는 지식은 차갑고 냉혹할 뿐입니다. 오늘 우리는 머리 중심(head)의 사람이 되기보다 가슴 중심(heart)의 사람이 되었으면 좋겠습니다.

지식이 모자라서 사람을 감동시키지 못하는 것이 아닙니다. 사랑이 부족하여 사람의 마음을 움직이지 못할 뿐입니다. 사랑 없는 지식은 알맹이 없는 껍데기에 불과합니다. 무가치합니다. 차가운 이성의 사람보다 따뜻한 감성의 사람이 되어야 합니다.

고린도전서 8장 1절 말씀처럼, "교만한 지성보다, 겸손한 사랑이 덕을 세웁니다."

지식이 많다 보면 결국 자기 자신을 드러내게 됩니다. 사랑 대신 자랑을 일삼습니다. 반대로 사랑이 넘칠수록 남을 높여 줍니다. 사랑의 품성을 갖춘 자일수록 자기 자랑을 자제합니다. 우리는 자랑 대신, 서로를 세워 주는 배려의 사람, 사랑의 사람이 되어야 합니다. 사랑은 나를 자랑하지 않고, 남을 자랑합니다. 나를 높이 드러내지 않고, 남을 높이 세워 줍니다.

3
신앙보다 사랑을 우선해야 합니다

성경에서는 믿음을 얼마나 중요하게 여깁니까? 믿음이 있어야 구원받고, 믿음이 있어야 기도 응답을 받고, 믿음이 좋아야 기적을 일으킵니다. 2절에서도 믿음의 위력을 최대한 부각합니다. '산을 옮길 만한 믿음'은 탁월한 신앙입니다. 태산같이 어려운 문제도 거뜬히 풀어 가는 신앙의 사람, 얼마나 우러러보입니까?

그런데 신앙 일변도의 사람일수록 믿음이 약한 사람을 무시할 수가 있습니다. 믿음이 월등하다 보니 이해심보다는 정죄의식이 강할 수가 있습니다. 오늘 우리는 어떻습니까? 혹시 우리는 믿음도 좋고 실력도 있다 보니 너무 쉽게 비판하거나 정죄하는 경향을 가지고 있지 않습니까?

본문은 이렇게 경고합니다. "사랑 없는 신앙이나 실력은 아무것도 아니다."

물론 우리는 신앙생활을 잘해야 합니다. 믿음 좋은 사람이 되어야 합니다. 그런데 신앙이 남달리 좋다 보면 다른 사람을 쉽게 정죄하는 경향이 있습니다. 사랑의 결핍 때문입니다.

그래서 사랑이 없으면 무익하다고 경고합니다.

미국교회의 훌륭한 지도자 조지 스위팅(G. Sweeting) 박사는 이렇게 정리합니다.

"믿음이 위대하지만 사랑은 더 위대하다. 믿음은 우선적인 것이나, 사랑은 초우선적인 것이다. 믿음은 시작이나, 사랑은 완성이다. 믿음은 하나님과 사람을 교통하게 해주되, 하나님은 사랑이시다. 믿음이란 하나님께서 우리를 그의 사랑 안으로 인도하시기 위한 수단이나, 사랑 없는 믿음은 우리를 파산시킨다."

예수님은 제자들에게 처음에는 믿음의 훈련을 시키시다가, 성숙의 단계에서는 사랑의 심성교육을 시키셨습니다. 예수님의 제자훈련은 사랑훈련입니다. 사랑의 체질화, 사랑의 성품화입니다. 한마디로 사랑의 사람이 되라는 가르침입니다. 우리 모두 믿음의 사람이 될 뿐만 아니라, 사랑의 사람으로 성화되어 나갈 수 있기를 바랍니다.

4
사명보다 사랑을
우선해야 합니다

기독교 신앙의 최고 수준은 사명을 이루기 위한 헌신입니다. 사명 인생을 사는 것입니다.

본문 3절을 자세히 보십시오. 구제와 순교가 나옵니다.

여기 구제라는 헬라어 '프시오미조'(ψωμίζω)는 '조각내어 준다'는 뜻입니다. 자기 재산을 조각내어 자선기금으로 쓰는 선행을 말합니다. 얼마나 훌륭하고 고결합니까?

하지만 사랑 없는 선심은 받는 자에게 모욕감을 안겨 줍니다. 선물을 주면서도 자존심을 상하게 하고, 마음을 다치게 한다면 선물이 오히려 상처가 됩니다.

예수님은 바리새인들의 구제행위를 칭찬하지 않고, 꾸짖으셨습니다. 그것은 그들이 선행을 하고 스스로 그 선행을 자랑했기 때문입니다(마 6:2).

이런 가슴 아픈 현장은 우리 주위에서 많이 찾아볼 수 있습니다. 많은 단체들이 양로원, 보육원, 장애시설 등을 방문할 때 많은 선물을 준비해 갑니다. 도착하자마자 선물박스를 쌓아 두고 사람들을 모아 기념사진을 찍습니다. 그리고 자랑스럽게 신문에 게재합니다. 또한 강단 위에서 공개적으로 저소득층 아이들에게 장학금을 전달하기도 합니다. 나름 의미는 있겠지만 오히려 아이들에게는 너무나 큰 상처가 됩니다.

"얼마나 주는가?"보다, "어떤 자세로 주느냐?"가 더 중요합

니다. "얼마를 주는가?"보다, "어떻게 주느냐?"가 훨씬 더 중
요합니다. 사랑은 자존감을 세웁니다. 더 나아가서 기독교의
최고 영광은 사명감에 불타 자기 목숨까지 바치는 순교적 헌
신입니다. 그러나 자기 몸을 불사를 만큼 한평생 헌신 봉사하
고 살았어도 사랑 없이 했다면 그것은 무효입니다. 내 인생의
모든 것인 몸까지 불사르는 순교를 한다 해도 사랑이 없으면
백해무익입니다.

본문은 '모든'이라는 말을 거듭 다섯 번씩이나 강조합니다.
내 인생의 모든 것을 다 바쳐서 한평생 봉사했어도 사랑 없이
했다면 무효라는 것입니다. 아무리 의기충천한 사명감으로
살았어도 사랑이 미달이면 모든 것이 공허한 메아리로 끝난다
는 뜻입니다. 그야말로 전부(全部)가 전무(全無)해진다는 것입니
다. 모든 것이 무효입니다.

우리는 때때로 하나님께서 맡겨 주신 일을 사명감으로 수
행합니다. 나름대로 최선을 다합니다. 특히 한국 남성들과 아
버지들은 자기를 희생하며 사명인생을 삽니다. 그런데 사랑
없이 사명에만 올인할 수 있습니다. 이에 대하여 조지 스위팅

(G. Sweeting) 박사는 이런 거룩한 수학으로 정산해 줍니다.

"인생(life) − 사랑(love) = 0"

우리가 아무리 많은 활동을 하고, 훌륭한 신앙인으로 살았다 하더라도, 사랑평점이 모자라면 나 자신은 아무것도 아님을 천명합니다. 내 인생은 무효라고 적나라하게 고백합니다.

"I'm nothing. I'm bankrupt." 사랑이 부족할수록 파산인생입니다.

고린도전서 13장의 서론은 '사랑부족의 4무'를 강조합니다.

'무의미, 무가치, 무익, 무효'입니다. 사랑이 결핍될수록 빨간 스탬프 도장이 찍힙니다. 무효!

내가 아버지와 남편으로 돈도 벌어 주고, 선물도 사 주었다 하더라도 사랑이 미달이면 내 인생은 무의미, 무효로 끝납니다. 우리 인생에서 남는 것은 돈이나 선물이 아니라, 사랑입니다. 그러므로 사랑으로 살아야 합니다. 사랑을 최우선해야 합니다. 사랑을 실천해야 합니다. 사랑은 동사입니다.

예수님의 사랑은 항상 행동 지향적입니다. 먼저 찾아가십니다. 만나 주십니다. 만져 주십니다. 고쳐 주십니다. 도와주십니다. 들어 주십니다. 울어 주십니다. 씻어 주십니다.

그리고 대신 죽어 주십니다. 이것이 십자가의 사랑입니다.

우리가 이따금 부르는 찬양 가사처럼 내가 진정으로 사랑한다면, 내가 먼저 다가가야 합니다. 내가 먼저 손 내밀어야 합니다. 내가 먼저 용서해야 합니다. 내가 먼저 웃음을 주어야 합니다. 내가 먼저 섬기고, 내가 먼저 높여 주고, 내가 먼저 사랑해야 합니다.

사랑은 내가 먼저 행동하는 것입니다.

성경은 이렇게 당부합니다.

"무엇보다도 사랑이 당신의 삶을 주도하도록 하십시오."

3장
사랑하기에 : No

사랑은 절대로 포기하지 않습니다. 사랑은 자기보다 다른 사람에게 더 마음을 씁니다. 사랑은 자기가 갖지 못한 것을 바라지 않습니다. 사랑은 뽐내지 않으며, 자만하지 않으며, 다른 사람에게 자신을 강요하지 않으며, "내가 먼저야"라고 말하지 않으며, 화내지 않으며, 다른 사람의 죄를 꼬치꼬치 따지지 않으며, 다른 사람이 비굴하게 굴 때 즐거워하지 않습니다. 진리가 꽃피는 것을 보고 기뻐하며, 무슨 일이든지 참으며, 하나님을 늘 신뢰하며, 언제나 최선을 구하며, 뒷걸음질하지 않으며, 끝까지 견딥니다. (고전 13:4~7, 메시지 성경)

양육함에 있어서 할아버지 할머니는 원숙한 사랑으로 손주들을 잘 키우십니다. 왜냐하면 그분들은 이미 부모가 되어 본 경력자들이기 때문입니다. 젊은 부모들은 아버지, 엄마 라이선스 없이 자녀들을 키우고 있는 반면, 할머니와 할아버지는 아버지, 어머니로서의 경험을 갖고 계십니다. 마치 부산이나 여수에서 대구, 광주를 거치고, 대전을 들러 서울까지 여행을 해본 것과 비슷합니다. 여행을 하면서 중간 중간 들러보았기 때문에 여러 지역들의 특성을 알듯이 할아버지 할머니는 인생 경험을 통해 아이들의 어린 시절, 청소년 시절, 그리고 중년 시절까지 다 알고 계십니다. 60세 환갑이라는 것은 인생 여정을 한 바퀴 순회했다는 뜻입니다. 그만큼 사랑의 노하우를 축적하고 있는 것입니다.

우리는 사랑에 길들여져야 합니다. 사랑이 내면화되어야 합니다. 사랑이 성품화되어야 합니다.

그래서 사도 바울은 사랑을 구체적인 행동으로 정의합니다. 명사가 아닌 동사로서의 사랑이 갖는 특성을 구체적으로 묘사합니다. 본문 4절부터 7절까지 내용입니다. 저는 보다 쉬운 이해를 위해 메시지 성경으로 소개합니다.

"사랑은 절대로 포기하지 않습니다. 사랑은 자기보다 다른 사람에게 더 마음을 씁니다. 사랑은 자기가 갖지 못한 것을 바라지 않습니다. 사랑은 뽐내지 않으며, 자만하지 않으며, 다른 사람에게 자신을 강요하지 않으며, '내가 먼저야'라고 말하지 않으며, 화내지 않으며, 다른 사람의 죄를 꼬치꼬치 따지지 않으며, 다른 사람이 비굴하게 굴 때 즐거워하지 않습니다.”

저는 본문의 내용을 이렇게 압축해 봅니다. ‘8 No, 7 Yes’

우리가 사랑하기에 하지 말아야 할 8가지 금기사항, 그리고 꼭 해야 할 7가지 긍정적 행위입니다. 사랑하기에 8가지를 ‘No’하고, 사랑하기에 7가지를 ‘Yes’하라는 것입니다.

따라서 우리 마음속에 쉽게 스며들어 오는 사랑의 반대 요소들을 진단하며 치료해 보고자 합니다.

1
사랑은
시기(질투)하지 않습니다

시기와 질투는 인류역사상 가장 오래된 병입니다. 소위 가인의 병이라고 말합니다.

창세기를 보면 형 가인이 동생 아벨을 질투하므로 비참한 사건이 벌어집니다.

야고보서 3장 14절과 15절에서 분명하게 분석해 줍니다.

"시기는 하늘에서 온 것이 아니라, 마귀에게서 온 것이다."

시기의 본질에 대한 해석과 묘사는 영국의 문호 셰익스피어의 설명이 가장 멋있습니다.

"시기는 녹색의 눈의 괴수다."

그가 시기를 녹색으로 비유한 이유는 맛이 시고 속을 쓰리게 하는 덜 익은 과일의 색깔과, 상대방을 넘어뜨리려 하는 시기에 빠진 사람의 눈과, 먹이를 노리는 고양이의 눈 색깔이 모두 유사하기 때문입니다.

형제지간에는 시기와 질투가 있으나, 부자지간에는 결코 시샘이 없습니다. 그것은 바로 사랑 때문입니다. 사랑하면 승패싸움을 하지 않습니다. 승부욕에 연연하지 않습니다. 사랑은 시샘하지 않습니다. 오히려 진정으로 사랑할수록 함께 기뻐하고, 함께 행복을 누립니다.

2
사랑은
자랑하지(뽐내지) 않습니다

여기 '뽐낸다'는 말의 헬라어 '페르페뤼오마이'(περπερεύομαι)는 '바람주머니'(windbag)라는 뜻입니다. 바람주머니는 껍데기만 있고, 속이 없습니다. 영어성경에서는 'brag'라고 번역하는데, 풍선처럼 부풀리는 허풍, 허세를 뜻합니다. 또 어떤 번역에서는 'parade'로 번역하는데, 자기과시, 자기전시를 뜻합니다.

시기가 타인의 업적을 무시하는 것이라면, 자랑은 자신의 업적을 과시하는 행위입니다.

자기를 내세우기 좋아하는 자에 관한 비유로 종종 닭을 은유로 말합니다. 수탉은 성질이 사납고 경쟁을 좋아하는 거친 동물의 대명사입니다. 닭장에 수탉들은 목숨을 걸고 서로 싸웁니다. 서로 서열을 결정하려는 것이죠. 닭장에서 싸움에 승리한 수탉은 우쭐한 마음으로 담장 높이 올라가 자기를 뽐내며 과시합니다. 그때 하늘을 선회하고 있던 독수리가 쏜살같이 내려와 수탉을 채어 갑니다. 교만이 가져오는 엄청난 낭패입니다. 따라서 사랑은 자기를 자랑하지 않습니다.

3
사랑은
교만(자기주장)하지 않습니다

다른 사람을 사랑할수록 자기주장을 내세우지 않습니다. 자기 마음대로 하지 않습니다. 교만이라는 단어는 '자기를 높이(supra) 둔다'는 뜻입니다. 성경에서는 교만을 자만, 우쭐 댐, 도도함, 자기 포장 등으로 해석합니다. 교만은 자기 높이기, 자기 고집부리기입니다. 자기주장이 강합니다. 그러나 사랑은 다른 사람에게 자신을 강권하지 않습니다. 자기 생각, 자기 의견, 자기주장, 자기 방법을 강요하지 않습니다. 사랑은 상대방을 존중하는 고결한 품격입니다(롬 12:9~10). 사랑하기 때문에 자기 것을 내려놓을 수 있는 품격 있는 그리스도인이 되어야 합니다.

4
사랑은
무례(비신사적)하지 않습니다

사랑의 사람은 예의 바릅니다. 남의 기분이나 감정, 컨디션을 고려하지 않는 무례한 행동을 하지 않습니다. 원래 예의 바르다(courteous)는 말은 궁정(court)이라는 단어에서 유래되었습니다. 사랑의 사람일수록 고상한 매너를 보입니다. 예의를 갖춥니다. 기품이 있습니다. 신사적입니다.

그러므로 사랑은 무례하지 않으며, 비신사적이지 않습니다. 함부로 하지 않습니다. 부부간에도 사랑이 승화될수록 서로 예의를 갖춥니다. 매너가 좋습니다. 말과 행동이 우아합니다. 사랑으로 매너를 갖출수록 품격 있는 사람이 됩니다. 반대로 사랑의 매너가 갖추어지지 않을수록 무례하고 거친 사람이 됩니다. 그러므로 우리는 사랑으로 길들여져야 합니다.

5
사랑은
이기적(자기 유익)이지 않습니다

렌스키(Lenski)라는 신학자는 이기심에 관하여 이렇게 정의합니다.

"만일 인간에게서 이기심의 질병만 치유된다면 우리의 삶의 자리는 에덴의 낙원이 될 것이다."

그렇습니다. 사랑하는 만큼 남을 먼저 배려합니다. 남을 우선합니다. 그래서 낙원을 만듭니다. 요즘 우리가 애용하고 있는 메시지 성경 번역이 참 아름답습니다.

"사랑은 '내가 먼저야'라고 말하지 않습니다."(5절)

영국의 신학자 바클레이(W. Barclay)는 이 세상에는 두 종류의 사람뿐이라고 말합니다.

"자기의 권리를 생각하는 사람과 자기의 의무를 생각하는 사람, 언제나 특권을 주장하는 사람과 언제나 책임을 실감하는 사람뿐이다."

따라서 사랑은 언제나 자기 유익이 아니라, 자기 양보, 더 나아가서 자기희생을 우선합니다.

사랑은 챙기는 것이 아니라, 주는 것입니다. 지배하는 것이 아니라, 섬기는 것입니다.

다시 한 번 말씀드리고 싶습니다.

"사랑은 '내가 먼저야'라고 말하지 않습니다."

그러므로 사랑은 상대방을 우선합니다.

6
사랑은
성내지(짜증, 신경질) 않습니다

여기 성낸다는 헬라어 '파록쉬노'(παροξύνω)는 '식초 곁에 앉아 있다'는 뜻입니다. 건드리기만 하면 톡톡 쏩니다. 조금만 건드려도 화내고 신경질을 내는 성마름을 뜻합니다. 사랑이 식어질수록 금방 나타나는 현상이 짜증입니다.

어느 무명작가가 이렇게 경고합니다.

"신자의 마음속에 도사리고 있는 짜증이란 언제나 마귀에게 초청장을 보내는 것과 같다."

예전에 중국 심천에서 감동적인 한 장면을 보았습니다. 서너 살쯤 되어 보이는 어린아이가 엄마와 함께 걸어가고 있었습니다. 그런데 걸음마에 서툰 아이가 넘어지자 이 엄마는 뒤에서 아이가 일어설 때까지 웃으며 기다려 주는 것입니다. 가다가 넘어지고 또 가다가 넘어짐을 반복해도 엄마는 여유롭게 기다려 줍니다. 젊은 엄마였지만 사랑으로 아이를 키우고 있는 매력적인 모습이었습니다. 사랑은 사소한 것으로부터 쉽게 성내지 않습니다.

특히 우리 그리스도인들은 운전하면서 짜증을 내지 말아야 합니다. 오히려 급하게 난폭운전 하는 사람들을 관용으로 품어 주어야 합니다. 진정한 사랑은 쉽게 신경질 내거나, 짜증 내지 않습니다. 사랑은 넓은 가슴으로 받아 줍니다.

7
사랑은
원한(상한 감정)을 품지 않습니다

본문 5절 말씀, '무례히 행하지 아니하며 자기의 유익을 구하지 아니하며 성내지 아니하며 악한 것을 생각하지 아니하며' 여기서 악한 것을 '생각한다' 헬라어 '로기조마이'$(\lambda o \gamma i \zeta o \mu \alpha \iota)$는 회계학 용어입니다. 장부에 정확히 기록한다는 뜻입니다. 과거에 상처받은 것, 안 좋은 것, 나빴던 것, 잘못된 것, 서운한 것을 잊지 않고 두고두고 생각하고 되새기는 것을 말합니다. 5절 말씀 그대로 "사랑은 원한을 품지 않습니다."

원한은 자기 속에 숨겨 둔 분노의 감정, 분개심입니다. 그래서 언젠가는 교묘하게 보복하고 복수합니다. 그러나 사랑의 사람은 지난날의 모든 아픔과 상처를 다 잊어버리고 기억하지 않습니다. 마음속에 울분과 쓴 뿌리를 뽑아야 사랑의 승화가 가능합니다.

오늘 스스로에게 물어봅시다. 자기 모습을 진단해 봅시다.

"당신은 화난 얼굴로 살고 있습니까?, 환한 얼굴로 살고 있습니까?"

8
사랑은
불의(불행)를 기뻐하지 않습니다

이 말은 누군가가 비난당하고 욕을 먹을 때 은근히 쾌감을 느끼는 심리작용을 말합니다.

누군가가 실패했을 때, 불행에 빠졌을 때, 사고를 당했을 때 '저 친구 잘됐구먼, 한번쯤은 된통 혼나야 해.'라는 음흉한 흡족함을 느끼는 비뚤어진 심리를 말합니다.

우리에게 사랑이 없을수록 율법만 있고, 복음이 없습니다. 정죄만 있고, 은혜가 없습니다. 사랑이 없을수록 심판만 있고, 긍휼이 없습니다.

그러나 우리가 진정으로 사랑할수록 불행을 기뻐하는 대신, 함께 가슴 아파합니다. 구약시대의 훌륭한 선지자 나단이라는 사람은 다윗이 죄를 짓고 고난당할 때 함께 울었습니다. 함께 가슴 아파했습니다. 이것이 진정한 사랑입니다. 비판이 밤이라면 사랑은 낮입니다. 비판이 어두움이라면 사랑은 빛입니다.

이번 사랑시리즈를 통해 우리 성품이 사랑으로 길들여지기를 원합니다. 죄로 타락하여 사나워진 성품이 사랑의 품성으로 빚어지기를 축복합니다.

최근 매우 공감되는 글 한 편을 읽었습니다.

하와이 호놀룰루 시의 동물원에는 철책과 철망 속에 여러 종류의 맹수들이 있는데, 그 구경거리의 마지막 코스는 '가장 사나운 동물'이라는 팻말이 붙은 장소입니다. 그런데 '가장 사나운 동물'이라는 팻말의 철창 안에는 대문짝만한 큰 거울이 놓여 있어 들여다보는 사람들마다 모두 깜짝 놀란다고 합니다. 큰 거울을 통해 자기 얼굴을 보게 되기 때문입니다. 혹시 나의 모습이 사나운 동물처럼 보이지는 않을까요?

우리 대한민국 시문학의 선각자인 구상 선생님은 '가장 사나운 짐승'이라는 시에서 이렇게 깨우쳐 줍니다.

"호랑이보다 무서운 놈, 악어보다도 잔인한 놈, 구렁이보다도 징그러운 놈이 있는 줄 알았는데, '가장 사나운 짐승'은 바로 자기 자신이다. 세상에서 가장 쉬운 일은 남을 비판하는 일이다. 세상에서 가장 어려운 일은 자신을 돌아보는 것이다. 아직도 저 거울 속의 주인공이 아닌 아들아, 네가 성인이 되어도 저 동물원 거울을 보고 놀라지 않았으면 좋겠구나."

오늘 우리 모두 자기내면의 거울을 들여다봅시다. 나는 사나운 사람인가, 사랑의 사람인가! 사랑은 남을 정복하는 것이 아니라, 자기를 정복하는 것입니다. 자신의 타락한 본성을 죽이고, 죄의 지배를 받는 행동을 억제합니다. 사랑하기에 자기 뜻대로 살지 않습니다. 우리가 서로 사랑하기에 예수님처럼 하나님이 원하시고, 기뻐하시는 삶을 사는 것입니다. 나의 성품이 사랑으로 길들여져서 고품격 인생을 살아갈 수 있기를 소원합니다. 우리는 사랑하기에 해야 할 것이 있고, 하지 말아야 할 것이 있습니다. 사랑은 시기하거나 질투하지 않습니다. 자랑하거나 자기주장을 하지 않습니다. 사랑한다면 비신사적으로 무례하게 행동하지 않습니다. 사랑은 '내가 먼저야.'

라는 이기심으로 살지 않습니다. 사랑은 쉽게 성내거나 짜증
내지 않으며, 상한 감정이나 분개심을 품고 살지 않습니다.
사랑은 불행을 기뻐하는 대신, 함께 가슴 아파합니다.

주님, 이런 사랑으로 길들여지게 하옵소서!

4장
사랑하기에 : Yes

사랑은 절대로 포기하지 않습니다. 사랑은 자기보다 다른 사람에게 더 마음을 씁니다. 사랑은 자기가 갖지 못한 것을 바라지 않습니다. 사랑은 뽐내지 않으며, 자만하지 않으며, 다른 사람에게 자신을 강요하지 않으며, "내가 먼저야"라고 말하지 않으며, 화내지 않으며, 다른 사람의 죄를 꼬치꼬치 따지지 않으며, 다른 사람이 비굴하게 굴 때 즐거워하지 않습니다. 진리가 꽃피는 것을 보고 기뻐하며, 무슨 일이든지 참으며, 하나님을 늘 신뢰하며, 언제나 최선을 구하며, 뒷걸음질하지 않으며, 끝까지 견딥니다. (고전 13:4~7, 메시지 성경)

2005년 1월 「낮은 울타리」라는 월간지에 경기도 성남의 한 작은 교회에서 있었던 아름다운 결혼식 이야기가 실렸습니다. 내용은 이렇습니다.

한 청년이 성남의 전자부품을 만드는 작은 공장에서 착한 자매를 만났습니다. 그 여인은 한쪽 다리를 심하게 절고 있었지만 너무나 아름다운 영혼을 가지고 있었습니다. 그 형제는 자매를 통해 자신의 육체는 멀쩡하지만, 내면은 절뚝거리며 살고 있다는 것을 깨달았습니다.

부모님의 만류와 반대에도 불구하고 동화 속 같은 아담한 교회에서 결혼예식을 올렸습니다.

가난한 신부는 근처 사진관에서 빌려온 빛바랜 웨딩드레스를 입고, 신랑은 유행이 지난 양복을 입고 조촐한 결혼식을 올렸습니다. 멘델스존의 아름다운 음악이 흐를 때, 기쁨과 감격의 눈물을 흘리며 신성한 결혼예배를 드렸습니다.

무엇보다도 결혼식 전날 신랑이 신부에게 보낸 편지의 내용이 너무나 고결합니다.

"나는 내일 이제껏 성치 못한 다리로 비틀거리며 세상을 끌고 온 당신의 손을 잡고 하나님 앞으로 걸어가 고개 숙여 맹세할 겁니다. 늘 기쁨으로, 사랑하는 당신의 한쪽 다리가 되겠다고… 만일 그러지 못하면 당신과 한마음이 될 수 있도록 차라리 내 다리 하나를 절게 해달라고…."

얼마나 감동적인 사랑의 실화입니까? 우리가 사랑하면 모든 것이 예스입니다. 사랑하는 만큼 만사 오케입니다. 사랑하는 만큼 고결한 삶이 가능합니다. 사랑하기에 그 어떤 모험도

가능합니다. 사랑은 인격입니다. 추상적 개념이 아닙니다. 사도 바울은 사랑을 의인화시키고 있습니다.

"사랑은 오래 참고, 사랑은 온유하며, 사랑은 진리와 함께 기뻐하고, 모든 것을 참으며, 모든 것을 믿으며, 모든 것을 바라며, 모든 것을 견딥니다."

'사랑'이라는 말 대신에 '나'로 바꾸어서 적용하면 더욱 실제적입니다.

"나는 오래 참고, 나는 온유하며, 나는 진리와 함께 기뻐하고, 모든 것을 참으며, 모든 것을 믿으며, 모든 것을 바라며, 모든 것을 견딥니다."

우리는 앞 장에서 사랑하기에 하지 말아야 할 8가지를 살펴보았습니다. 사랑한다면 자기주장을 내세우지 않습니다. 내가 먼저라고 말하지 않습니다. 무례히 행하지 않으며, 자기 자랑을 하지 않습니다. 질투하지 않습니다.

이제 사랑하기에 해야 할 7가지를 살펴보고자 합니다.

1
사랑은
오래 기다립니다

사랑의 가장 큰 매력은 오래 기다려 주는 것입니다. 여기 '오래 참는다'에 해당하는 헬라어 '마크로듀메오'(μακροθυμέω)는 '길다'라는 뜻입니다. '긴 마음'(long – minded, long – temper)입니다. 우리는 사랑하는 만큼 기다릴 수 있습니다. 엄마는 사랑하기에 열 달 동안 생명을 기다립니다. 조선왕조 숙종 때 아름다운 러브스토리의 주인공 춘향이처럼 끝까지 기다리는 마음이 곧 사랑입니다.

현대인들은 모든 것을 즉석에서 즉각적으로 해결하려다 보니 부작용이 많습니다.

어느 심리학자가 현대인들의 성급함과 조급함의 부작용을 이런 도식으로 표현합니다.

조급함(hurry) → 괴로움(worry) → 무덤(bury)

성마른 성격으로 조급할수록 인생을 힘들게 살다가 스스로 무덤을 팝니다. 그러나 사랑은 조급하게 서두르지 않습니다. 사랑하면 '긴 마음'(long – temper)으로 인내할 수 있습니다. 사랑하면 오래라도 기다릴 수 있습니다.

2
사랑은 가까이합니다

사랑은 온유합니다. 사랑의 외형적 특성은 부드러움입니다. 비록 나에게 상처와 아픔을 준 자도 선대하는 여유 있는 마음입니다. 이런 고결한 사랑은 '가까이하는 마음'입니다.

우리가 진정으로 사랑할수록 가까이합니다. 피하지 않습니다. 멀리하지 않습니다. 오히려 곁으로 다가갑니다. 사랑은 오랫동안 기다려 주는 긴 마음이면서, 동시에 가까이하는 마음입니다.

예수님은 우리를 진정으로 사랑하시기에 우리를 가까이하

십니다. 곁으로 찾아와 주십니다. 따뜻한 손을 내밀어 주십니다. 영원히 함께하여 주십니다(벧전 2:23~25).

혹시 그동안 여러 가지 사연으로 슬며시 등을 돌린 사람이 있습니까? 다시 가까이하는 사랑의 마음을 회복하시기 바랍니다. 오래 참음과 온유, 즉 기다림과 가까이함은 사랑의 두 발입니다.

3
사랑은
진실을 기뻐합니다

사랑은 속이지 않습니다. 위선적이지 않습니다. 진실을 기뻐합니다. 사랑의 적극성은 함께 기뻐하는 것입니다. 함께 웃고, 함께 행복해하는 마음입니다. 사랑은 진리 안에 사는 것을 기뻐합니다.

우리가 누군가를 진정으로 사랑한다면 그에게 좋은 일이 있을 때 정말 기뻐합니다. 만약 내 마음속에 기뻐해야 할 일을 기뻐하지 않는다면, 그것은 시기와 질투의 영인 마귀에게 이용당하고 있는 것입니다. 예수님은 요한복음 8장 44절에서 이렇게 경고하십니다.

> 너희는 너희 아비 마귀에게서 났으니 너희 아비의 욕심대로 너희도 행하고자 하느니라 그는 처음부터 살인한 자요 진리가 그 속에 없으므로 진리에 서지 못하고 거짓을 말할 때마다 제 것으로 말하나니 이는 그가 거짓말쟁이요 거짓의 아비가 되었음이라

누군가 좋은 일이 있을 때, 축복할 일이 있을 때 함께 기뻐할 수 있다면 그 사람은 사랑의 사람입니다. 우리가 서로 사랑한다면 결코 속이지 않습니다. 거짓말하지 않습니다. 오히려 진실하게 사는 것을 기뻐합니다. 진리 안에서 바르게 사는 것이 행복한 것입니다.

금세기 성녀 테레사는 이렇게 격려합니다.

그래도 사랑하라

사람들은 …

불합리하고 비논리적이고 자기중심적이다.

그래도 사랑하라.

당신이 선한 일을 하면

이기적인 동기에서 하는 것이라고 비난받을지도 모른다.

그래도 좋은 일을 하라.

당신이 성실하면

거짓된 친구들과 참된 적을 만날 것이다.

그래도 사랑하라.

(중략)

그렇습니다. 사랑은 진실하게 사는 것을 즐거워합니다. 그
리고 진실하게 살수록 행복합니다.

진리를 따라 사는 사람은 거룩한 행복(holy happiness)의 경지에 들어갑니다.

4
사랑은
모든 것을 덮어 줍니다

우리말 성경에서는 "사랑은 모든 것을 참으며"라고 하는데, 사실 이에 해당하는 헬라어 '스테고'(στέγω)는 '덮어 준다'는 뜻입니다. 지붕처럼 모든 것들을 덮어 주고 가려 줍니다. 우리가 사는 집을 지붕으로 덮지 않으면 지저분한 것들이 모두 다 드러납니다. 덮어 주기 때문에 아름답고 행복합니다.

지금은 어느 때보다 덮어 주는 사랑이 필요합니다. 그야말로 고발보다는 고백이 필요합니다.

허버트(George Herbert) 박사는 이렇게 경고합니다.

"다른 사람을 용서하지 않는 사람은 자기가 건너야 할 다리를 무너뜨리는 자다."

우리가 사랑하는 만큼 사생활과 비밀을 보장해 줍니다. 우리는 사랑하는 사람을 위해 지붕이 되어 주고, 이불이 되어 주어야 합니다. 창세기 9장에 등장하는 노아의 아들 셈과 야벳처럼 사랑하는 이의 허물을 옷이나 담요로 덮어 주어야 합니다.

당신에게 여쭙고 싶습니다. 당신은 다른 사람의 실수나 잘못을 덮어 줍니까, 드러냅니까?

잠언 17장 9절은 아주 현실적으로 규명합니다.

허물을 덮어 주는 자는 사랑을 구하는 자요 그것을 거듭 말하는 자는 친한 벗을 이간하는 자니라

예수님의 십자가 사랑은 우리의 모든 허물과 죄를 덮습니다.

베드로전서 4장 8절은 이렇게 당부합니다.

무엇보다도 뜨겁게 서로 사랑할지니 사랑은 허다한 죄를 덮느니라

5
사랑은
모든 것을 신뢰합니다

'신뢰'(credo)라는 말은 심장을 준다는 뜻입니다. 사랑하는 만큼 전폭적으로 지지합니다. 즉, 최악의 상황에서도 상대방의 최선을 믿습니다. 사랑하기 때문에 의심하지 않고 신뢰합니다.

예수님은 시몬 베드로가 반드시 변화를 받고, 큰 바위 인생이 될 것을 믿으셨습니다. 예수님은 베드로를 사랑하셨기에, 가슴으로 이렇게 외치신 것입니다.

"시몬 베드로야, 너는 반드시 변화 받고, 큰 인물이 될 거야. 나는 너를 믿어."

예수님의 이런 신뢰 덕분에 베드로는 놀라운 변화를 이루었습니다.

저의 고등학교 담임선생님은 참 훌륭한 분이셨습니다. 저는 평생 그분의 존함을 잊을 수가 없습니다. 강신석 선생님입니다. 그분은 고려대 영문학과를 나오신 실력 있는 분이셨습니다. 서울에 있는 명문 고등학교에서 가르치실 수 있었음에도 불구하고 청소년들에게 희망을 심어 주기 위해 아무 연고도 없는 시골까지 내려오셨습니다. 선생님의 인격이 너무 좋으시다 보니 학생들은 호구 선생님을 만났다며 한 학기를 엉망으로 보내기도 했습니다. 그러나 우리는 선생님의 이 한마디 때문에 모두 변화되었습니다. "나는 너희를 믿는다."

오늘 우리도 사랑으로 선언하시기 바랍니다.

"내 남편은 반드시 예수님을 믿을 거예요. 하나님께 기필코 돌아올 거예요."

"여보, 나는 당신을 믿어요. 아들아, 딸아, 나는 너를 믿어."

사랑은 의심이 아닌 신뢰입니다. 믿음으로 기대합니다. 믿음대로 이루어짐을 확신하시기 바랍니다.

6
사랑은
모든 것을 희망합니다

사랑은 희망 속에서 살아갑니다. 사랑은 기대의 눈으로 바라봅니다. 사랑하기에 절대 포기하지 않습니다. 사랑은 언제나 밝은 면(the bright side)을 먼저 봅니다.

사랑하지 않을수록 부정적인 면만 봅니다. 사랑이 없으므로 트집을 잡습니다. 그러나 사랑하면 흠도 매력으로 보입니다.

사랑에는 낙망은 없고, 희망만 있습니다. 사랑은 지금에 머물지 않습니다. 사랑은 미래를 현재화시킵니다.

메시지 성경 번역 그대로, "사랑은 뒷걸음하지 않으며", 희망인생을 살아갑니다.

부부 싸움에서 비참해지는 이유는 자꾸 과거로 돌아가기 때문입니다. 그러나 희망인생으로 살아가면 상대방의 미래가 보입니다.

어느 시인의 표현처럼 세상의 모든 희망은 사랑을 먹고 자랍니다. 그래서 사랑할수록 빛나는 눈빛으로 살아갑니다.

7
사랑은
모든 것을 견뎌 냅니다

여기 '견딘다'는 말은 '흔들리지 않는다'는 뜻입니다. 모든 희망이 사라져 버린 순간에도 그를 사랑하기에 꿋꿋이 견디며 흔들리지 않습니다.

우리는 살다 보면 실망스러운 일들을 많이 경험합니다. 그런데 사랑하면 절망과 한계의 정점에서도 요동하지 않습니다. 초연하게 견딥니다. 모든 것에 한계가 있지만, 사랑에는 한계가 없습니다. 그래서 사랑에는 마지막이라는 단어를 수락하지 않습니다.

오늘 말씀은 사랑하기 때문에 오래 기다린다는 것으로 시작하였고, 사랑하기 때문에 끝까지 견디며 살아간다고 결론을 내립니다. 즉, 오래 기다릴 뿐만 아니라 끝까지 기다립니다. 그래서 사랑은 마무리도 잘합니다. 마지막이 깔끔합니다.

이것이 예수님의 십자가 사랑입니다. 예수님은 사랑으로 십자가 고통도 기꺼이 견디셨습니다. 끝까지 품으시고 사랑으로 완성하셨습니다.

혹시 부부 사이에 성격이나 기질상의 차이로 불화나 숨겨진 비극이 있습니까? 겉으로 볼 때는 그럴듯하지만 부부 사이에 보이지 않는 앙금으로 등 돌린 채 살고 계십니까? 사랑은 견디는 것입니다. 결혼할 때의 처음 마음을 끝까지 유지하는 것입니다. 건강할 때나 아플 때나, 가난할 때나 풍족할 때나, 슬플 때나 기쁠 때에도 끝까지 사랑하며 인생을 완성해 가는 것입니다. 사랑은 완주입니다.

우리는 서로 사랑하기에, 그 어떤 상황에서도 Yes하며 살아가야 합니다.

사랑은 오랜 시간 기다릴 수 있는 긴 마음입니다.

사랑은 가까이 다가가는 따뜻한 마음입니다. 그래서 아무런 가식 없이 함께 기뻐합니다.

사랑은 지붕이나 이불처럼 덮어 줍니다.

사랑은 최악의 상황에서도 최선을 믿어 줍니다.

사랑은 빛나는 눈빛으로 희망을 걸며 흔들리지 않고 꿋꿋이 견딥니다.

사랑은 시작도 아름답고 마무리도 멋집니다.

사랑하기에 완주하는 인생을 살아갑니다.

우리는 사랑하기에 항상 'Yes'하며 여유 있는 마음으로 살아갈 수 있습니다.

5장

사랑의 무한무변(無限無邊)

사랑은 절대로 사라지지 않습니다. 제아무리 영감 넘치는 말도 언젠가는 사라지고, 방언으로 기도하는 것도 그칠 것입니다. 이해력도 한계에 이르게 될 것입니다. 진리의 한 부분만 아는 우리가 하나님에 대해 말하는 것은 언제나 불완전합니다. 그러나 완전하신 그분이 오시면, 우리의 불완전한 것들을 없애 주실 것입니다. 내가 어머니의 품에 안긴 젖먹이였을 때에는 젖먹이처럼 옹알거렸지만, 다 자라서는 그러한 어린아이 짓을 영원히 버렸습니다. 우리는 아직 모든 것을 분명하게 보지 못합니다. 우리는 안개 한가운데서 눈을 가늘게 뜨고 그 속을 들여다봅니다. 그러나 머지않아 날이 맑게 개고, 태양이 환히 빛날 것입니다. 그때가 되면, 우리는 모든 것을 볼 것입니다. 하나님께서 우리를 보시는 것과 모든 것을 또렷하게 보고, 하나님께서 우리를 아시는 것과 같이 그분을 직접 알게 될 것입니다! 그러나 그 완전함에 이르기까지, 우리는 다음 세 가지를 행함으로 완성을 향해 나아가야 합니다. 하나님을 꾸준히 신뢰하십시오. 흔들림 없이 소망하십시오. 아낌없이 사랑하십시오. 이 세 가지 가운데 으뜸은 사랑입니다. (고전 13:8~13, 메시지 성경)

우리가 살고 있는 21세기 트렌드 중 가장 큰 이슈는 제4의 물결입니다. 소위 말하는 제4차 산업시대의 도래입니다. 앞으로 엄청난 변화, 즉 혁명적 변화가 몰려옵니다. 그래서 모든 용어에 혁명이라는 단어를 붙입니다. 정보혁명, 금융혁명, 산업혁명, 지능혁명 등등입니다. 이런 광속도의 변화에 따라 수많은 직업이 사라질 것입니다. 향후 85%의 직종이 없어진다고 합니다. 그런데 역사의 그 어떤 소용돌이에서도 결코 사라지지 않는 것이 있습니다. 그것은 곧 '사랑'입니다. 고린도전서 13장 8절은 인류 사회에 가장 위대한 선언을 하고 있습니다.

"사랑은 절대로 사라지지 않는다."

영어성경 표현도 참 깔끔합니다. "Love never dies" 마치 007영화제목 같습니다.

제가 최근에 읽은 책 제목도 매우 감동적입니다. 《사람은 가도 사랑은 남는다》(김영봉). 그렇습니다. 사랑은 결코 사라지지 않습니다. 다른 모든 것들은 변하고, 바뀌고, 없어지고, 끝나도, 사랑은 계속 남습니다.

21세기에 가장 비극적인 일이 2001년 9월 11일 미국에서 일어났습니다. 미국의 상징이던 세계무역센터가 무너지기 직전 건물에 갇혀 있던 사람들과 납치된 비행기에 타고 있던 사람들이 마지막 메시지를 남겼는데, 한결같이 모두 '사랑한다'는 말이었습니다. 사람은 누구나 마지막에 남기고 싶은 말이 '사랑한다'는 고백입니다. 사랑만이 영원히 남기 때문입니다.

사랑은 아주 짧은 두 글자에 불과하지만 모든 인간을 행복하게 하는 힘을 갖고 있습니다. 사랑이라는 두 글자는 아주 짧은 단어이지만 결코 지워지지 않는 영원한 의미를 품고 있습니다. 사랑이라는 두 글자는 길고도 짧은 이야기입니다. 사랑은 밤을 지새우며 이야기해도 끝나지 않습니다. 사랑한다는 단 한마디만 해도 모든 앙금을 다 풀리게 하는 힘이 있습니다.

이런 맥락에서 오늘 본문은 아주 멋진 대칭 구조로 설명합니다. "사라짐과 남음, 일시와 영원, 부분과 전부, 어린아이와 어른, 미성숙과 성숙, 지금과 그때, 현재와 미래, 이 세상과 하늘나라, 사람과 주님"

세상의 모든 것은 상대 평가를 받으나, 사랑만큼은 절대 평가를 받습니다.

이처럼 사도 바울이 고린도교회 교인들에게 사랑만을 절대 평가하는 편지를 쓴 이유와 배경을 살펴볼 필요가 있습니다.

바울은 고린도교회 성도들에게 교회를 어떻게 섬겨야 할지 '직분론과 은사론'을 가르쳐 주다가, 그보다 우선인 사랑을 먼저 정의해 줍니다. 왜냐하면 고린도교회에는 교인들끼리 누가 더 많은 은사를 가지고 있느냐, 누가 더 실력 있는 사람이냐에 대한 비교와 경쟁이 있었습니다. 누가 더 인기가 높으냐로 알력다툼을 했던 것입니다. 교회 안에서 분열과 파당이 형성되는 심각한 현상이 벌어졌습니다. 이런 소식을 들은 사도 바울은 에베소라는 도시에서 긴 겨울을 보내면서 고린도교회 성도들에게 사랑의 새봄을 맞이하라고 간곡하게 편지를 보냈습니다(고전 16:1~12).

바울은 서로의 재능과 실력을 가지고 비교하고 경쟁하는 사람들에게 사랑이 가장 우선임을 강조합니다. 그리고 시기와 경쟁이라는 차가운 겨울을 떠나보내고, 사랑으로 따뜻한 새봄을 맞이할 것을 요청합니다. 오늘 우리가 국가적으로 귀담아들어야 할 실제적 메시지입니다.

우리가 능력 중심으로 살수록 내가 드러나고, 남이 무시되는 현상이 있습니다. 그러나 사랑 중심으로 살수록 내가 사라지고, 다른 사람이 드러납니다. 우리 모두 사랑 중심으로 사는 공동체를 이룰 수 있기를 소원합니다.

저는 사랑을 이렇게 표현하고 싶습니다. "사랑은 무한무변(無限無邊)이다."

사랑은 그 어떤 제한도 두지 않으며, 영원히 변하지 않습니다. 그렇다면 사랑이 어떤 효력을 가지고 있기 때문일까요?

1
사랑은
결코 무효하지 않습니다

고린도전서 13장 8절은 인류 사회에 가장 위대한 선언을 하고 있습니다.

"사랑은 절대로 사라지지 않는다."

다른 모든 것은 다 사라진다고 강조합니다. 즉, 예언도 사라지고, 방언도 그치고, 지식도 사라지고, 모든 것들이 다 끝납니다. 이처럼 성경은 재능의 상대성과 일시성, 그리고 사랑의 절대성과 영원성을 대비시켜 강조합니다.

"모든 것이 없어지고, 그치고, 끝나고, 한계가 있고, 부분적이고, 불안전하고, 미숙하지만, 그래도 사랑은 결코 사라지지 않는다."

영어성경에서도 다양하게 번역합니다.

"Love never fails. Love never ends. Love never dies. Love lasts forever."(사랑은 결코 실패하지 않습니다. 절대 무효로 끝나지 않습니다. 오히려 영원히 계속됩니다.)

여기 '사라진다'는 말은 헬라어로 '피프토'(πίπτω)입니다. 이는 배우가 무대에서 자기 역할을 마치고 사라지는 모습을, 또는 한여름 무성했던 나뭇잎들이 시들어 떨어지는 모습을 가리킬 때 사용됩니다. 결국 화려함이 순식간에 사라지는 모습을 나타낸다고 할 수 있습니다. 사람의 인기나 명성은 이처럼 어느 한순간 반짝하다가 흔적 없이 사라지고 맙니다.

예수님께서도 이 단어를 매우 실제적으로 사용하시는데, 비바람이 몰아치면 모래 위에 지은 집이 힘없이 무너져 내린다고 하셨습니다(마 7:27).

그렇습니다. 우리가 가지고 있는 능력, 실력, 재능, 지식, 인기, 명성, 신체적 근육, 피부의 탱탱함, 그 모든 것은 정오의 햇빛 앞에 있는 촛불처럼 힘없이 사라지고 맙니다. 이 세상의 그 어느 것도 모두 다 일시적인 것에 불과합니다. 그러나 사랑만큼은 영원합니다.

존스(J. D. Jones)라는 설교가는 "사라지지 않는다"는 말을 참 멋있게 설명합니다.

"열대지방에서 뜨거운 모래와 사막을 견디며 행군하는 군인들이 무더위와 피곤을 이기지 못하여 한 명씩 한 명씩 쓰러져 갑니다. 마침내 군대 모두가 쓰러지고 말았습니다. 이때 마지막에 유일한 병사 하나가 이 모든 고통을 이기고 우뚝 서서 걸어갑니다. 이 병사의 이름은 사랑입니다. 사랑은 결코 쓰러지지 않습니다."

우리가 쏟는 사랑은 결코 허비가 아닙니다. 영원한 효과가 있습니다. 사랑하는 만큼 영원합니다. 사랑은 실패가 없습니다. 사랑은 무효로 끝나지 않습니다. 사랑은 무의미하지 않습니다. 그러하기에 우리는 더욱 사랑을 힘써야 합니다. 최대한 사랑해야 합니다. 언젠가 우리는 인생의 종착역에 다다를 때 이렇게 씁쓸한 말을 하지 않도록 해야 합니다.

'내가 충분히(좀 더) 사랑하지 못했던 것이 후회스럽다.'

그러므로 우리는 더욱 힘써 사랑하는 인생을 살 수 있기를 바랍니다(벧전 4:8)

2
사랑하는 만큼
성숙합니다

두 번째 메시지는, 우리 모두가 미숙한 인생, 불완전한 인생을 살고 있음을 공감하게 합니다. 우리는 다른 사람의 사정이나 사연을 잘 모릅니다. 부분적으로만 압니다. 한 단면만 보고 해석할 뿐입니다. 그래서 바울은 '부분과 전부, 미숙과 성숙'이라는 대칭적 표현을 사용하여 우리의 이해와 판단의 한계를 공감하게 합니다. 우리가 알아봤자 얼마나 알겠습니까? 우리는 한 쪽밖에 모릅니다. 우리의 이해나 느낌은 여전히 부분적이요, 편파적입니다. 어느 정도 한참 시간이 지나야 제대로 알게 될 뿐입니다. 영영 모르고 오해할 수도 있습니다.

우리의 사랑이 미숙할수록 편파적이 되거나 일방적으로 되기 쉽습니다. 특히 성숙하지 못할수록 자기 주관적입니다. 어린아이 수준입니다. 메시지 성경 표현대로 '어린아이 짓'을 합니다(11절).

한국교회에서 존경받는 김상복 목사님께서 이런 멋있는 표현을 하셨습니다.

"15세의 청소년이라도 사랑이 있으면 성숙한 사람이고, 70세의 어른이라도 사랑이 없으면 미숙한 사람입니다."

이와 같은 우리의 불완전함을 깨우치도록 사도 바울은 고린도교회 교우들이 쉽게 공감할 수 있는 실례로 설명합니다. 본문 12절입니다.

우리가 지금은 거울로 보는 것 같이 희미하나 그 때에는 얼

굴과 얼굴을 대하여 볼 것이요 지금은 내가 부분적으로 아나

그 때에는 주께서 나를 아신 것 같이 내가 온전히 알리라

자신의 얼굴과 모습을 거울로 보는 불분명함을 비유로 설명합니다. 그 당시 고린도라는 도시는 거울의 특산지로 유명했습니다. 그러나 그 당시의 거울은 구리거울이었기 때문에 선명하지 못했습니다. 흐리고 희미하게 보였습니다. 거울은 단면밖에 보이지 않습니다. 그래서 거울을 통해 보는 것과 실물을 직접 보는 것에는 큰 차이가 날 수밖에 없었습니다. 지금도 마찬가지입니다. 아무리 사진이 잘 나온다 하더라도 실물을 보는 것과는 차이가 큽니다.

이처럼 거울로 보는 것은 부분적이요, 단면밖에 보지 못합니다. 그러나 실물은 전면을 다 볼 수 있습니다. 그러므로 모든 것을 다 판단하려고 덤벼들지 마시기 바랍니다. 지금은 다 알 수 없습니다. 모든 것을 다 전달하거나 충분히 공감시키지 못할 수도 있습니다. 인생은 흐린 거울을 보는 수준으로 살아갑니다.

제 아내도 자기 말이 무슨 뜻인지, 그렇게 못 알아듣느냐고 질타를 합니다. 저는 이렇게 항변합니다.

"하나님께서 신묘막측하게 만드신 여성을 어떻게 통달해요?"

완벽하게 알려고 하거나 공감을 얻으려고 하지 말고, 그냥 사랑하며 사시기 바랍니다. 중요한 것은 얼마나 사랑하는 마음이 있느냐 하는 것입니다. 그 사람을 분석하고 심리적으로 조명해 본다고 내 마음에 감동으로 다가오지 않습니다. 그 에너지로 오히려 사랑하시기 바랍니다. 인생은 흐린 거울로 보는 수준에 불과합니다.

본문 12절 말씀 그대로, 때가 되면 주님께서 또렷하게 밝혀 주실 것입니다. 그날 모든 것이 맑은 날처럼 선명하게 드러날 것입니다. 다 알게 될 것입니다. 충분히 공감이 가고, 이해가 될 것입니다. 오해했던 마음에 새로운 감동이 임하게 될 것입니다. 그러니 더욱 묵묵히 사랑하며 살아가야 합니다. 사랑만이 완성품을 만들어 주기 때문입니다.

마더 테레사는 이렇게 말합니다.

"우리가 무엇을 하느냐가 문제가 아니라 우리가 얼마나 사랑을 쏟아붓느냐가 중요한 것입니다. 하나님이 우리를 어디에 놓으시든지 우리가 얼마나 사랑을 쏟는가 하는 것이 중요합니다."

사랑의 수준이 높을수록 단면을 보지 않고 전부를 봅니다. 부분적으로 보니까 상대방의 약점이 보이는 것입니다. 전부를 보면 그 약점도 매력으로 보입니다. 자기 주관으로 판단하는 대신 모든 것을 끌어안고 수용합니다. 사랑하는 만큼 성숙한 인생을 살아갑니다. 부부는 나이로 늙어 가는 것이 아니라, 사랑하며 익어 가는 것입니다. 인생은 사랑을 먹고 삽니다.

3
사랑만이
최고선(summum bonum)입니다

제가 1999년에 금세기 최고의 목회자 중 한 분이신 빌 하이벨스(Bill Hybels) 목사님의 리더십 특강을 듣다가 정말 가슴 뭉

클한 감동을 받았습니다. 그는 성경에 나타난 다양한 리더십 스타일을 아주 명료하게 정의하며 사람들이 자기의 리더십 스타일에 관해 평가할 때 이런 평가를 듣고 싶다고 고백을 했습니다.

"그는 비전의 사람, 꿈의 사람이기 전에 사랑의 사람이었다!"

만일 우리 중에 신앙 좋은 사람, 실력 있는 사람, 학벌과 스펙이 화려한 사람, 명망 있는 자, 인기가 높은 자, 그야말로 성공한 사람이라는 말을 듣는 대신, 사랑의 사람(man of love)이라는 평가를 받는 사람이 있다면 그는 아마도 최고의 성공자로 인정을 받게 될 것입니다.

지금까지 우리가 살펴본 대로 그 사람이 아무리 탁월하고 빼어나도 사랑의 사람이 되지 못하면 껍데기 인생에 불과합니다. 사랑만이 인생의 가장 위대한 재산입니다.

헨리 드루먼드(Henry Drummond)는 "무엇이 인간의 최고선(summum bonum)인가? 그것은 곧 사랑이다"라고 말합니다. 신약성경에서만도 사랑을 의미하는 아가페라는 말을 116번이나 반복하여 강조합니다.

사랑만이 인생의 최고 해법입니다. 그 이하도, 그 이상도 없습니다. 사랑만이 무한무변(無限無邊)입니다.

금세기 최고의 기독교 문학가였던 루이스(C. S. Lewis) 교수는 이런 말을 합니다.

"우리는 에로스(Eros 정애[情愛])에 의해 태어나고, 스토르게(Storge 혈애[血愛])로 양육되고, 필리아(Philia 우애[友愛])로 성숙하며, 아가페(Agape 헌애[獻愛])로 완성된다."

이 모든 말은 사람은 사랑에 의해서 태어나고, 사랑에 힘입어 살다가, 사랑에 묻혀 죽는다는 것을 의미하고 있습니다. 인간은 사랑을 먹고사는 존재입니다.

훌륭한 기독교 심리학자 칼 매닝거(Karl Menninger)는 이런 진단을 내려 줍니다. "현대인의 모든 정신적 질병의 근본치유책은 사랑밖에 없다." 그는 이렇게 강조합니다. "사랑은 그것을 주는 사람과 받는 사람 모두를 치료한다." 그리고 그는 이 한 마디를 덧붙입니다.

"참된 의미에서의 사랑을 얻는 유일한 곳은 십자가밖에 없다.”

우리가 할 수 있는 최고의 선은 예수님의 십자가 사랑으로 사랑하는 것입니다.

이것이 오늘 메시지의 피날레입니다. 고린도전서 13장 13절 말씀입니다.

하나님을 꾸준히 신뢰하십시오. 흔들림 없이 소망하십시오. 아낌없이 사랑하십시오. 이 세 가지 가운데 으뜸은 사랑입니다(메시지 성경).

우리는 믿음의 수준도, 소망, 곧 비전의 수준도 높여 가야 하지만, 무엇보다도 중요한 것은 사랑의 수준을 높이는 것입니다. 그것은 사랑만이 무한무변이요, 최고의 해법이기 때문입니다.

김용택 시인의 “사랑 : 끝 날까지”라는 시로 메시지를 정리합니다.

작은 이슬이 되어 시작된 사랑이라면

큰 비에도 놀라지 않는 사랑이 되게 하소서

흐르는 강물처럼 잔잔히 시작된 사랑이라면

큰 파도에도 흔들리지 않는 사랑이 되게 하소서

따뜻한 봄날 포근히 시작된 사랑이라면

뜨거운 햇볕에서도 시들지 않는 사랑이 되게 하시고

추운 겨울날에도 녹아 사라져 버리지 않는

사랑이 되게 하소서

아름답게 시작된 우리의 사랑이라면

세상 끝 날까지 빛나게 하소서

2부

사랑으로 승리

로마서 8장

사랑은 동사다

6장
승리를 생각하며 삽시다

그러므로 이제 그리스도 예수 안에 있는 자에게는 결코 정죄함이 없나니 이는 그리스도 예수 안에 있는 생명의 성령의 법이 죄와 사망의 법에서 너를 해방하였음이라 율법이 육신으로 말미암아 연약하여 할 수 없는 그것을 하나님은 하시나니 곧 죄로 말미암아 자기 아들을 죄 있는 육신의 모양으로 보내어 육신에 죄를 정하사 육신을 따르지 않고 그 영을 따라 행하는 우리에게 율법의 요구가 이루어지게 하려 하심이라 육신을 따르는 자는 육신의 일을, 영을 따르는 자는 영의 일을 생각하나니 육신의 생각은 사망이요 영의 생각은 생명과 평안이니라 육신의 생각은 하나님과 원수가 되나니 이는 하나님의 법에 굴복하지 아니할 뿐 아니라 할 수도 없음이라 육신에 있는 자들은 하나님을 기쁘시게 할 수 없느니라 (롬 8:1~8)

미국 그리스도인들은 편지를 쓸 때 마지막 문장을 이렇게 마무리하는 경향이 있습니다.

'승리 편에 서 있는 ○○으로부터'(on the victory side / on the winning side)

이 표현을 처음 쓴 사람은 영국의 청교도 혁명에서 가장 큰

공을 세운 올리버 크롬웰 장군이었습니다.

영국에서 내전이 벌어졌을 때 상황이 매우 불확실했음에도 불구하고 그는 자신들이 전쟁에서 승리할 것을 확신했습니다.

그래서 자기가 쓰고 있는 편지 맨 마지막에 '승리 편에 서 있는 올리버 크롬웰'이라고 썼습니다. 그는 이 표현을 공문서에도, 모든 서신이나 개인편지에도 이 표현을 썼습니다.

따라서 그 휘하의 참모들과 스태프들은 크롬웰 장군에게서 내려오는 공문서를 읽을 때마다 그들의 지휘관이 승리를 확신하고 있음을 공감하였습니다. 자연적으로 모든 병사에게 승리에 대한 확신이 전염병처럼 퍼지다 보니 불리한 전세에서도 놀라운 승리를 거두었습니다.

아버지가, 어머니가, 회사의 사장이, 리더가 승리할 것이라는 분명한 확신을 가지고 이를 전한다면, 이 확신은 주변 사람들에게도 큰 영향을 주어 결국 어떤 불리한 상황 속에서도 승리하게 되는 것입니다.

성공학의 거장인 클로드 브리스톨(Claude M. Bristol)은 《신념의 마력》(The Magic of Believing)이라는 책에서 이렇게 말합니다.

"사업으로 성공한 사람들은 생각으로 성공한 것이다. 그들의 손은 머리를 도운 것뿐이다."

참 멋진 말입니다. 사업의 성공 이전에, 생각의 성공이 먼저입니다. 처음부터 어떻게 생각하느냐에 따라 승패가 좌우됩니다. 이미 성공과 승리를 생각하며 추진하기 때문에 인생의 기선을 잡고 살아가는 것입니다.

패배의식이 아닌 승리의식으로 살아가는 사람에게는 그 결과도 성공과 승리로 나타납니다.

미국 교회의 지도자 제임스 앨런(James Allen)은 생각의 중요성을 이렇게 강조합니다.

"현재 당신의 모습은 당신의 과거 생각의 결과이며, 미래 당신의 모습은 현재 생각의 결과다."

다시 말해, 당신의 오늘은 어제 생각한 결과이고, 당신의 내일은 오늘 무슨 생각을 하느냐에 달려 있다는 뜻입니다. 시인 에머슨의 말처럼 인생은 모든 분야에서 생각이 열쇠입니다. 이것이 사도 바울의 인생관입니다.

오늘 본문은 생각의 양대 지류를 대칭적으로 설명합니다. 육신의 생각과 성령의 생각입니다. 육신의 생각을 따라 사는 사람은 죽음에 이르고, 성령의 생각을 따라 사는 사람은 생명과 평안을 누립니다. 그래서 우리는 생각의 길들이기 훈련이 필요합니다.

오늘 로마서 8장에서 사도 바울은 우리가 생각을 어떻게 길들이느냐에 따라 패자와 승자로 판가름된다고 주의를 줍니다.

앞으로 살펴볼 로마서 8장은 현재의 축복과 미래의 승리에 대한 확신의 찬가입니다. 그래서 독일 루터파 경건주의자 필립 스페너(Philip Spener)는 로마서 8장에 대해 이렇게 말합니다.

"성경이 반지라면, 로마서는 반지 위의 고귀한 보석이고, 8장은 그 보석의 빛나는 부분이다."

앞선 로마서 7장의 중심 단어는 '나'입니다. 이 단어는 자그마치 30번이나 반복합니다. 하지만 성령님에 관한 언급은 단 한 번뿐입니다(6절). 반면에 8장의 중심 단어는 전혀 다릅니다. 바로 '성령님'입니다. 19번이나 강조합니다. 또한 '나'라는 언급은 두 번뿐입니다. 특히 1~17절 사이에서 성령님을 15번이나 반복하여 강조합니다.

따라서 7장과 8장은 이런 대칭적 앙상블을 이룹니다.

7장 거룩한 비관주의	**8장** 거룩한 낙관주의
나는 선을 행할 수 없다.	성령님이 선을 행하게 하신다.
내가 예수님 안에 머물러야 한다.	성령님이 내 안에 머물러 주신다.
나는 동력이 없는 객차에 불과하다.	성령님은 나를 이끌어 주시는 기관차와 같으시다.

7장에서는 내 힘과 의지로는 무기력하게 실패할 수밖에 없음을 실토합니다. 8장에서는 성령님의 능력과 도우심을 의지할수록 거뜬히 승리할 수 있음을 힘차게 주장합니다.

흔히들 로마서 8장은 '성령장'이라고 말합니다. 성령님이 우리의 성화와 영광스러운 승리를 완성해 주신다는 희망의 복음입니다. 그래서 1절 시작부터 우리가 성령으로 승리하며 살 수 있음을 우렁차게 선포합니다.

"그리스도 예수 안에 있는 자에게는 결코 정죄함이 없다."

예수 믿고 성령 받아 사는 사람에게는 결코 실패가 없습니다. 우리는 결코 패배하지 않을 것입니다. 우리는 결코 실패자로 끝나지 않는다는 희망 선언입니다. 그리고 결론의 절정인 37절에서는 우리가 넉넉한 승리자, 압도적인 승리자(more than conquerors, overwhelmingly)가 될 수 있음을 선언합니다.

우리가 미약하고 여러 가지 약점이 있음에도 불구하고 하나님의 성령으로 충만하다면, 우리는 어떠한 인생의 악천후 속에서도, 어떠한 인생의 불리함 속에서도, 어떤 어려움 속에서도, 넉넉한 승리자가 되고도 남을 줄로 믿습니다.

21세기 영국의 신학자 존 스토트(John Stott)도 이렇게 해석합니다.

"그리스도인의 삶은 성령 안에서 사는 삶이다. 성령으로 생기와 활력을 얻고, 인도함을 받으며 풍성한 삶을 산다. 그러므로 성령 없이는 참된 그리스도인의 제자도를 생각할 수 없고, 사실상 불가능하다."

우리는 약하고 부족하지만 성령님이 충만함으로 우리를 다스려 주실 때 한계를 넘는 초월적인 인생, 넉넉한 승리자로 살아갈 수 있습니다!

그러면 성령님은 우리가 어떻게 생각하며 승리생활을 할 수 있도록 도와주실까요?

1
성령님은
죄를 생각하지 않게 하십니다

성령님은 우리가 죄성의 본질을 이기며 살 수 있는 원동력을 이렇게 설명합니다(2절).

그리스도 예수 안에 있는 생명의 성령의 법이 죄와 사망의 법에서 너를 해방하였음이라

더 나아가서 3절과 4절은 더욱 실감 나게 설명합니다. 우리의 타락한 본성으로는 율법을 제대로 지킬 수 없으나, 성령님은 율법이 요구하는 수준 이상의 삶을 살도록 도와주십니다.

성령님은 죄로부터 자유하며 살도록 도와주십니다.

성령이 나를 다스려 주시고 성령이 충만하면 내 능력을 능가하는 삶을 살게 됩니다. 이것은 내 힘이 아닙니다. 내 의지가 아닙니다. 하나님의 성령이 나를 다스려 주시면 내 수준을 능가하게 되는 것입니다.

성령님은 죄로부터 자유하며 살 수 있도록 도와주시는데, 저는 이 말씀을 두 가지로 정리합니다.

첫째, 성령님은 죄의 지배를 받지 않게 하십니다
(no more control by sin).

우리가 성령 충만할수록 하나님의 다스림을 받고, 타락한 죄성의 지배를 받지 않게 됩니다. 어거스틴(Augustine)의 설명처럼 새가 머리 위를 나는 것은 어쩔 수 없으나, 새가 머리 위에 둥지를 트는 것은 얼마든지 막을 수 있는 것과 같습니다.

찰스 스펄전(Charles H. Spurgeon)은 이렇게 말합니다.

"우리의 생각을 그대로 내버려 두는 것은 더러운 새를 새장

속에 넣거나, 들짐승을 집안에 들이는 것과 같다."

즉, 성령 없이 살수록 죄에 종속되지만, 우리가 성령 충만을 받을수록 죄를 이기며 살아갑니다.

둘째, 성령님은 죄에 머무르지 않게 하십니다
(no more continuance in sin).

성령으로 거듭난 사람은 계속해서 죄에 머무를 수 없습니다. 죄가 체질에 맞지 않게 됩니다. 따라서 성령 주도적으로 살아갑니다. 더 이상 영혼의 먹구름 밑에서 살지 않게 해주십니다. 우리가 날마다 죄성과 싸워 이기는 방법은 간단합니다. 영이 몸을 다스리면 됩니다. 즉, 성령님이 속사람을 다스리는 만큼 승리합니다.

성령이 내 몸을 다스려 주시면 더 이상 죄의 지배를 받지 않을 뿐만 아니라, 더 이상 죄의 자리에 머무르지 않는 새로운 변화가 일어납니다.

갈라디아서 5장 16절은 이렇게 말합니다.

“여러분은 성령을 따라 사십시오. 그러면 결코 육체의 욕망을 따라 살지 않게 될 것입니다.”

성령님은 우리가 성결하게 살 수 있는 능력을 주십니다. 죄와 싸워 이길 수 있는 거룩한 힘을 주십니다. 성령님은 우리의 내면적 체질을 바꾸어 주시므로 죄가 싫어지게 하십니다. 우리가 성령 충만할수록 마귀가 멀리 도망갑니다. 예수님도 이런 성령 충만함으로 사탄의 시험을 이기셨습니다.

제가 이런 좋은 글을 읽었습니다. 우리가 자신의 내면을 어떻게 키워야 하느냐에 관한 얘기입니다.

어느 날 저녁, 인디언 체로키족 노인이 손자에게 자기 내면 세계 안에서 벌어지고 있는 전투에 대해 말했습니다.

“아가, 내 안에는 늑대 두 마리가 싸우고 있단다. 한 마리는 ‘악’이란다. 그놈은 분노, 시기, 슬픔, 회한, 탐욕, 오만, 자기 연민, 죄의식, 원한, 열등감, 거짓말, 허영, 우월감, 자만심을 갖고 있어. 그리고 다른 한 마리는 ‘선’이란다. 기쁨, 평화, 사랑, 희망, 평온, 겸손, 친절, 자비, 이해, 아량, 진실, 동정, 믿음을 가진 녀석이지. 내 안에는 이 두 마리의 늑대가 늘 싸우고 있단다.”

손자가 곰곰이 생각하더니 할아버지에게 물었습니다.

“주로 어느 편이 이기나요?”

체로키족 노인이 솔직하게 대답했습니다.

“내가 키운 늑대가.”

오늘 나는 어떤 늑대를 키우고 있는 것 같습니까?

육체의 욕망입니까, 성령의 거룩한 소원입니까?

우리의 생각이 성령으로 바뀌는 새 아침이 될 줄로 믿습니다.

우리는 성령을 따라 사는 만큼 육체의 욕망을 이기는 승리자가 됩니다.

성령님은 언제나 그다음 단계를 얘기합니다. 성령님은 소극적으로 우리에게 죄가 생각나지 않게 하시는 정도가 아닙니다.

2

성령님은
거룩한 것을 생각하게 하십니다

사람은 어쩔 수 없이 생각의 지배를 받게 되어 있습니다. 인지과학자들에 의하면 사람은 하루에 6만 건 이상의 생각을 하며 산다고 합니다. 1.44초마다 한 가지씩 생각을 하며 살아갑니다. 그러니 생각의 지배를 받을 수밖에 없습니다.

그래서 잠언 23장 7절에서는 "사람은 마음으로 생각하는 대로 된다"고 정의해 줍니다.

이처럼 생각이 곧 사람됨을 결정합니다.

본문 5절은 단도직입적으로 경고합니다.

"육신을 따르는 자는 육신의 일을, 영을 따르는 자는 영의 일을 생각한다."

인간의 타락한 죄성은 육신의 일을 생각하게 하고, 거룩하신 성령님은 신령한 생각을 품게 하십니다. 이런 맥락에서 사도 바울은 6절부터 8절까지 육신의 생각과 성령의 생각을 대칭적으로 설명합니다. 이렇게 도식으로 정리해 볼 수 있습니다.

육신을 좇아 사는 자들	영을 좇아 사는 자들
생각이 육신의 욕구에 맞춰져 있다.	생각이 성령의 욕구에 맞춰져 있다.
죽음에 이른다.	생명과 평안에 이른다.
하나님께 대해 적대적이다.	하나님께 대해 수용적이다.
하나님의 법을 따르려 하지 않는다.	하나님의 법을 이루고자 한다.
하나님의 법에 굴복할 수 없다.	하나님의 법에 순복한다.
하나님을 기쁘시게 할 수 없다.	하나님을 기쁘시게 한다.

성령을 따라 생각할수록 우리 생각의 수준이 달라집니다.

로마서의 초본이라고 할 수 있는 갈라디아서 5장 16절과 17절은 이렇게 규명합니다.

"너희는 성령을 따라 행하여라. 그러면 결코 육체의 욕심을 이루지 않게 될 것이다. 육체가 원하는 것은 성령을 거스르고, 성령이 원하시는 것은 육체를 거스른다. 이 둘이 서로 대적하여, 너희가 바라는 것들을 하지 못하게 한다."

여기에서 중요한 것이 무엇입니까. 생각하기 나름이라는 것입니다. 생각하기에 따라서 우리의 영성이 달라진다는 것입니다. 그러기에 생각의 성화를 추구하라고 가르쳐 줍니다. 로마서 7장이 '내 마음의 보고서'라면, 8장은 '생각의 성화'를 주제로 합니다. 즉 승리자답게 생각하며 사는 원리를 가르쳐 줍니다.

저는 요즘 생각의 성공보다 생각의 성화를 깊이 묵상해 봅니다. 성령으로 생각하는 훈련입니다. 생각을 성령으로 길들이는 훈련입니다. 본문 로마서 8장에서 사도 바울은 우리가 생각을 어떻게 길들이느냐에 따라 육신의 사람이 되느냐, 성령의 사람이 되느냐, 패자가 되느냐, 승자가 되느냐가 결정된다고 주지시켜 줍니다. 당신이 생각을 성화시키는 만큼 당신의 수준이 달라집니다.

19세기 프랑스 조각가 로댕의 작품 '생각하는 사람'이 주는 메시지는 아주 간단하면서도 의미심장합니다.

근육질의 건장한 남자가 '지옥의 문' 위에 앉아, 현세에서 고통스러워하는 인간들을 관조하고 있는 모습입니다. 육체의 본능을 따라 사는 자는 고통스러운 멸망의 결과를 맞이한다는 사실을 심각하게 생각하라는 메시지입니다.

우리가 성령으로 생각하지 않고 살수록 마귀의 노리갯감이 됩니다. 사탄이 가룟 유다를 완전히 노리갯감으로 삼아 버렸습니다. 베드로 같은 대사도를 농락했다면 우리는 오죽하겠습니까? 그래서 더욱더 생각의 성화가 필요합니다. 육신의 생각이 아닌, 영의 생각을 따라야 합니다. 사람 중심이 아닌 하나님 중심의 생각, 개인 중심이 아닌 교회 중심의 생각을 품어야 합니다. 예수님은 수제자 베드로에게 이렇게 질타하십니다.

사탄아, 내 뒤로 물러가라. 너는 나에게 걸림돌이다. 너는 하나님의 일을 생각하지 않고, 사람의 일만 생각하는구나! (마 16:23, 새번역)

우리에게 생각의 거듭남이 일어나는 역사가 일어나기를 바랍니다. 생각의 초점을 하나님께로 맞추면 우리는 이미 승리의 기선을 잡고 사는 사람입니다. 그러므로 성령의 생각은 하나님 중심입니다. 하나님의 일을 우선하는 것입니다. 하나님께만 집중하는 삶을 삽니다. 성령의 사람은 현재보다 미래를 생각하고, 세상보다 하나님 나라를 먼저 생각하고 살아가기 때문에 초반부터 승리의식으로 살아갑니다. 그래서 승리자가 되는 것입니다. 생각의 성화에 따라 우리는 겨우겨우 위기를 모면하는 수준이 아닌 넉넉한 승리자, 압도적인 승리자가 됩니다.

가족들과 집안이 성령으로 거듭날 것을 생각하는 믿음으로 살고, 성령의 도우심으로 병이 나을 것을 생각하는 믿음으로 살고, 성령의 역사로 직장과 사업, 자녀들이 형통할 것을 생각하는 믿음으로 산다면 당신은 이미 승리자의 대열에 서는 것입니다. 할렐루야!

7장
다이내믹한 정체성으로 삽시다

만일 너희 속에 하나님의 영이 거하시면 너희가 육신에 있지 아니하고 영에 있나니 누구든지 그리스도의 영이 없으면 그리스도의 사람이 아니라 또 그리스도께서 너희 안에 계시면 몸은 죄로 말미암아 죽은 것이나 영은 의로 말미암아 살아 있는 것이니라 예수를 죽은 자 가운데서 살리신 이의 영이 너희 안에 거하시면 그리스도 예수를 죽은 자 가운데서 살리신 이가 너희 안에 거하시는 그의 영으로 말미암아 너희 죽을 몸도 살리시리라 그러므로 형제들아 우리가 빚진 자로되 육신에게 져서 육신대로 살 것이 아니니라 너희가 육신대로 살면 반드시 죽을 것이로되 영으로써 몸의 행실을 죽이면 살리니 무릇 하나님의 영으로 인도함을 받는 사람은 곧 하나님의 아들이라 너희는 다시 무서워하는 종의 영을 받지 아니하고 양자의 영을 받았으므로 우리가 아빠 아버지라고 부르짖느니라 성령이 친히 우리의 영과 더불어 우리가 하나님의 자녀인 것을 증언하시나니 자녀이면 또한 상속자 곧 하나님의 상속자요 그리스도와 함께 한 상속자니 우리가 그와 함께 영광을 받기 위하여 고난도 함께 받아야 할 것이니라 (롬 8:9~17)

미국의 경제전문지인 「포춘」 창간 75주년 특집호에 재미난 기사가 실린 적이 있습니다. 재계와 언론계의 유명인사 25인에게 "오늘 당신을 있게 한 인생 최고의 조언이 무엇이었느냐?”는 물음과 함께 그에 대한 대답을 실었습니다.

그중에서도 가장 눈에 띈 것은 GE의 회장 겸 CEO였던 잭 웰치(Jack Welch)의 이야기입니다. 잭 웰치는 1980년 당시 풀 오스틴(Paul Austin) 코카콜라 회장에게서 이런 조언을 들었다고 합니다.

“당신 자신이 돼라!”(Be Yourself)

이 한마디 말에 잭 웰치는 자신의 정체성을 확립하여 제너럴 일렉트릭의 최연소 CEO 자리에 오를 수 있었고, 모든 CEO의 전설적 인물이 되었습니다.

그래서 잭 웰치는 그의 책《잭 웰치, 위대한 승리》라는 책에서 ‘나다운 나 자신’, ‘자기다운 자신’의 정체성을 가지고 삶을 축하하라고 당부합니다. 그것은 ‘내가 누구냐?’라는 정체성 확립이 성공과 행복의 기초가 되기 때문입니다.

현대철학의 시조 임마누엘 칸트(Immanuel Kant)는 인생에 대하여 세 가지 중요한 질문을 합니다.

그것은 “첫째, 나는 무엇을 알 수 있는가? 둘째, 나는 무엇을 행해야 하는가? 셋째, 나는 무엇을 희망해야 하는가?” 입니다. 이런 철학적 질문을 하던 그는 가장 근본적인 또 하나의 질문으로 인생의 문제를 풀어 갑니다. 그것이 곧 네 번째 질문입니다. 이러한 질문을 하는 "나는 누구인가?"입니다.

우리가 살고 있는 21세기는 그 어느 때보다 정체성 확립의 시대입니다. 내가 누구인지를 정확히 알아야 자신의 미래를 성공적으로 구축해 갈 수 있습니다. '정체성 확립', 이것이 성령님께서 해주시는 놀라운 축복입니다.

우리가 지난번에 살펴본 것처럼 로마서 8장은 '성령장'입니다. 그래서 로마서 8장은 우리를 위해 성령님이 하시는 일들을 조목조목 설명해 줍니다. 첫 번째 메시지는 성령님이 도우실 것이니 승리를 확신하고 살라는 것입니다. 내 의지로는, 내 힘으로는, 내 결단으로는 실패할 수밖에 없지만, 내 안에 계신 성령이 나를 도와주시면 우리는 넉넉한 승리자, 압도적인 승리의 인생을 살게 됩니다. 그리고 그 두 번째는 '우리의 정체성 확립'입니다.

로마서 8장 두 번째 메시지는 굉장히 큰 개념을 정의합니다. 우리는 하나님의 자녀라는 사실입니다(14절). 그래서 우리는 하나님을 두렵게 믿는 자가 아니라, 친근하게 믿는 자가 되었습니다. 15절을 봅시다. 이해를 돕기 위해 본문을 쉬운성경으로 소개합니다.

여러분이 받은 성령은 여러분을 다시 두려움에 이르게 하는, 노예로 만드는 영이 아니라, 여러분을 하나님의 자녀가 되게 하는 영이십니다. 그래서 우리는 그 성령을 의지하여 "아바, 아버지"라고 부를 수 있는 것입니다(쉬운성경).

이것이 성령님이 우리에게 해주시는 놀라운 일입니다. 성령님은 일단 우리를 거듭나게 하십니다. 그러고 나서 우리가 하나님의 자녀임을 확신시켜 줍니다.

우리가 하나님과 얼마나 친근한 관계가 되었는지 하나님을 "아바, 아버지"라고 부릅니다.

구약성경 어디를 찾아봐도 하나님을 아버지라고 부른 사람은 없습니다. 그렇게 하나님은 거룩하고 존엄하신 두려움의 대상이었습니다. 하나님의 이름도 함부로 못 부릅니다. 우리 인간도 자신의 부모님을 부를 때에는 함부로 함자를 부르지 못해서 따로따로 한 글자씩 부릅니다. 그래서 구약시대에는 하나님의 이름을 함부로 부르지 못해서 '아도나이'라는 대칭을 썼습니다. 유대인들은 하나님의 이름을 거룩하게 여겨 하나님의 이름을 쓸 때는 몸을 깨끗하게 씻고 펜을 바꿔 글씨를 썼습니다. 그런데 신약에 와서는 우리가 엄청난 큰 축복을 누리고 있습니다. 그 거룩하신 하나님을 우리는 '아빠 아버지'라고 부릅니다. 감사합시다.

내가 예수 믿고 하나님의 자녀가 되었다는 확신을 갖게 된 것은 전적으로 성령의 역사입니다. 16절에서는 이렇게 생생하게 설명합니다.

성령께서는 친히 우리의 영과 함께 우리가 하나님의 자녀라는 것을 증언합니다(쉬운성경).

이처럼 성령님은 우리에게 행복한 정체성을 확립시켜 주십니다. 예수님께서도 세례 받으실 때 성령님이 오셔서 정체성을 분명하게 확립시켜 주셨습니다(막 1:11).

"너는 내가 사랑하는 아들이라. 내가 너를 기뻐한다."

이런 정체성 확립으로 예수님은 하나님을 '아바, 아버지'라고 자주 부르며 사셨습니다. 십자가에 못 박혀 죽으시면서도 하나님을 '아바, 아버지'라고 부르는 절대 신앙으로 승리하셨습니다. 오늘도 성령님은 우리가 하나님의 자녀임을 끊임없이 확신시켜 주십니다. 우리는 자녀로서 엄청난 특권을 누릴 수 있는 자입니다. 이 메시지를 통해서 우리의 새로운 정체성 확립뿐만이 아니라, 우리의 내면적인 근본이 치유되기를 바랍니다.

그렇습니다. 내 삶의 현실에서 어떤 우여곡절이 벌어진다 하더라도 우리는 하나님의 사랑받는 자녀입니다. 누가 무슨 말을 하더라도, 사탄이 어떤 공격을 하더라도, 하나님의 자녀 됨은 결코 요동하지 않습니다. 독생자 예수님의 피 값으로 사신 자녀이니 절대불변입니다.

우리는 하나님께 무엇이든지 구할 수 있는 자녀입니다. 축복을 누릴 수 있는 자녀입니다.

더구나 우리는 세상을 이길 수 있는 하나님의 자녀입니다.

사탄은 끊임없이 우리가 스스로 위축되도록, 또 열등감을 느끼도록, 또 좌절과 패배의식에 빠지도록 우리에게 여러 가지 심리적인 역작용을 일으킵니다. 그러나 한 가지는 분명합니다. 내 인생에 어떠한 사건이 일어나도 나는 여전히 하나님의 자녀입니다.

너는 내 아들이라. 오늘날 내가 너를 낳았도다. 너는 내 딸이라. 나의 사랑하는 내 딸이라.

예배 후에 우리의 태도가 달라지기 바랍니다. 우리의 마음은 여전히 겸손해야 되겠지만, 누가 어떤 말을 해도 '나는 하나님의 사랑받는 자녀'라는 이 믿음 갖기를 원합니다.

그리고 로마서 8장 15절을 보면 또 하나의 엄청난 단어를 사용합니다. '양자'입니다. 우리는 원래 죄인의 신분이었는데 예수님의 십자가 보혈로 의인의 신분으로 바뀐 것입니다. 우리가 하나님의 자녀로 입양되었기 때문입니다.

‘양자’라고 하면 우리 한국적 개념에서는 좀 소극적입니다. 그러나 성경을 읽고 해석할 때는 언제나 그 당시 역사와 문화적 배경에서 이 본문을 이해해야 합니다. 여기 ‘양자’라는 용어는 로마 시대에 대단히 높은 수준의 특권을 가진 사람을 말합니다. 로마문화권에서는 어느 귀족 집안의 양자가 되는 것은 굉장한 행운이었습니다. 어떤 귀족들은 자기 친자식들에게 부족한 점이 많아서 특출한 인물을 양자로 입양하였습니다. 그래서 자기가 낳은 자녀보다 더 귀하게 여기는 경향도 있었습니다.

우선 양자를 삼게 되면 가장 먼저 가정교사를 붙여 줍니다. 전인적으로 탁월한 실력을 갖춘 가정교사는 양자에게 그의 부모가 어떤 분인가를 잘 가르쳐 줍니다. 그리고 그 부모가 원하는 수준으로 양자를 잘 양육합니다.

마지막 단계로 양자교육이 끝날 즈음에 그 가정교사는 양자에게 놀라운 선포를 합니다.

“그대에게 양부모가 된 분들은 그대를 위해서 놀라운 상속을 준비해 놓았다.”

그러고는 상속증서를 넘겨줍니다. 이처럼 양자는 곧 상속자가 되는 것입니다. 우리 주변에 양자로 큰 상속자가 된 분들이 꽤 있습니다. 요즘은 강아지도 상속자가 됩니다.

이제 17절을 봅시다.

자녀라면 또한 상속자이기도 합니다. 우리는 하나님의 상속자이며, 또한 그리스도와 공동의 상속자입니다(쉬운성경).

우리는 하나님의 아들이신 예수님의 십자가 보혈로 구원받아 하나님의 자녀가 되었습니다. 따라서 우리는 그리스도와 함께 공동상속자가 되었습니다. 우리는 얼마나 놀라운 축복을 받은 자들입니까? 예수님의 십자가 은혜로 죄인이 의인으로 바뀌었습니다. 하나님의 사랑 받는 자녀가 되었습니다. 더 나아가서 하나님 나라의 엄청난 상속자가 된 것입니다. 특히 예수 그리스도와 공동상속자가 된 것입니다. 이것이 우리가 하나님께 입양된 축복이요 은총입니다.

이 '양자 됨의 축복'은 '3P'로 설명할 수 있습니다.

첫째, 긍휼히(Pity) 여겨 주십니다(시편 103:13).

둘째, 보살펴(Protect) 주십니다(잠언 14:26).

셋째, 부양해(Provide) 주십니다(마태복음 6:31~33).

하나님은 우리가 양자이기 때문에 더욱 측은히 여겨 주시고, 보살펴 주시고, 특별하게 부양해 주십니다. 얼마나 놀라운 축복입니까? 그래서 성령님은 우리로 하여금 율법적 두려움으로 살지 않고, 복음의 기쁨과 행복으로 살게 하십니다. 하나님을 '아바, 아버지'라고 부르며 행복하게 살게 해주십니다. 아이들이 엄마, 아빠라고 부를 때가 가장 행복하듯이, 우리는 이런 순수한 행복 속에 살아야 합니다.

로마 역사를 보면 상속권이 양자에게도 전해졌음을 알 수 있습니다. 시저 황제는 자기가 양자 삼은 아우구스투스에게 황제 자리를 물려주었습니다. 또한 로마 황제 트라얀도 자기가 양자 삼은 하드리안에게 황제 자리를 이양해 주었습니다.

이것이 성경에서 말하는 양자 됨의 큰 축복입니다. 우리는 다 길거리에 버려진 처절한 죄인이었지만, 예수님의 십자가의 은혜로 하나님의 자녀가 되는 수준을 넘어서 하나님의 놀라운 상속권자가 된 것입니다.

우리가 잘 아는 벤허도 유대인 출신으로 노예가 되어 5년 동안 죽음의 전투함정에서 노를 저으며 살다가 그 배의 함대 사령관 아리우스 제독의 양자가 되어 로마의 자유 시민으로 신분이 바뀌었습니다.

이것이 양자 됨의 놀라운 축복입니다. 이처럼 우리의 신분이 엄청나게 달라졌기 때문에 우리는 성령의 사람답게 살자고 당부합니다. 본문 9절부터 13절을 보면 "성령을 모시고 사는 사람으로서 다이내믹하게 살자"고 9번이나 반복하여 당부합니다. 우리는 하나님의 자녀, 하나님 나라의 상속자, 예수 그리스도와 공동상속자인 만큼 역동적으로 살아야 합니다. 생기 있게 살아야 합니다. 활력 있게 살아야 합니다. 행복이 넘치게 살아야 합니다.

에스겔 37장의 표현처럼 더 이상 앙상한 마른 뼈 같은 인생을 살지 말고, 생기의 영으로 활기차게 살아야 합니다. 다이내믹하게 살아야 합니다.

본문에서는 이 점을 역력히 당부합니다. 우리는 하나님의 자녀, 하나님 나라 축복의 상속자가 되었으니, 성령으로 죄성을 죽이며 살아야 합니다. 우리가 지금은 예수를 믿는다는 이유로 잠깐 동안 고난을 받을 수 있으나 결국은 그리스도와 함께 영광스러운 공동 상속자가 될 것이니 성령을 따라 활기차게 살아야 합니다. 우리는 고난의 상속자가 아니라, 영광의 상속자이기 때문에 다이내믹하게 살아야 합니다. 그래서 성경은 상속자가 누릴 수 있는 축복을 이렇게 다양하게 보장해 줍니다.

"은혜의 상속자, 구원의 상속자, 영생의 상속자, 약속의 상속자, 하나님 나라의 상속자, 영광의 상속자, 축복의 상속자"

우리는 이러한 사실을 믿어야 합니다.

"우리에게 이러한 엄청난 미래의 축복과 영광이 보장되어 있으니, 성령을 모시고 우리의 근본적인 죄성을 넉넉히 죽이며 살아가자."는 것이 로마서의 두 번째 메시지입니다. 그러면 우리는 성령 충만하여 몸의 행실을 죽이는 만큼 축복을 누리는 상속자가 됩니다.

스코틀랜드 신학자 데이비드 브라운(David Brown)은 오늘 본
문에 기초하여 역설적으로 이렇게 경고합니다.

"당신이 죄를 죽이지 않으면, 죄가 당신을 죽일 것이다."

반대로 우리가 죄성을 죽이고 사는 만큼 성령님은 우리에
게 넘치는 행복을 누리게 하여 주십니다. 우리가 죄성을 죽이
는 만큼 성령님은 우리를 예수님과 함께 공동 상속자의 영광
에 앉혀 주십니다.

다시 한 번 더 강조합니다. 우리는 성령 충만하여 죄의 본
성과 몸의 행실을 죽이는 만큼 "은혜의 상속자, 구원의 상속
자, 영생의 상속자, 약속의 상속자, 하나님 나라의 상속자, 영
광의 상속자, 축복의 상속자"가 될 줄 믿으시기 바랍니다. 할
렐루야!

우리 모두 로마서 8장의 놀라운 메시지를 기초 삼아 다이내
믹한 정체성을 갖고 살아갑시다. 다 함께 외칩시다.

"나는 하나님의 자녀다. 나는 하나님 나라 축복의 상속자
다."

8장

더 나은 미래를 기대합니다

생각하건대 현재의 고난은 장차 우리에게 나타날 영광과 비교할 수 없도다 피조물이 고대하는 바는 하나님의 아들들이 나타나는 것이니 피조물이 허무한 데 굴복하는 것은 자기 뜻이 아니요 오직 굴복하게 하시는 이로 말미암음이라 그 바라는 것은 피조물도 썩어짐의 종 노릇 한 데서 해방되어 하나님의 자녀들의 영광의 자유에 이르는 것이니라 피조물이 다 이제까지 함께 탄식하며 함께 고통을 겪고 있는 것을 우리가 아느니라 그뿐 아니라 또한 우리 곧 성령의 처음 익은 열매를 받은 우리까지도 속으로 탄식하여 양자 될 것 곧 우리 몸의 속량을 기다리느니라 우리가 소망으로 구원을 얻었으매 보이는 소망이 소망이 아니니 보는 것을 누가 바라리요 만일 우리가 보지 못하는 것을 바라면 참음으로 기다릴지니라 (롬 8:18~25)

세계적으로 대기업 총수들의 후계자 양성은 고강도 훈련에 해당합니다. 요즘은 창업주를 기준으로 3세, 4세가 후계자로 경영자 수업을 받고 있습니다. 그들의 경영수업을 보면 상상을 초월할 정도로 조직적이며 체계적입니다.

우선 후계자 대열에 서기 위해서는 회사 내 핵심 중역들을 사수로 두고 리더십교육을 받습니다. 수준 높은 학력과 함께 다양한 커리어를 쌓기 위해 회사 내 여러 부서를 순환하면서 밑바닥부터 훈련을 받습니다. 또한 기업의 총수인 아버지로 부터 경영일선에 관한 밥상머리 교육과 함께 생산현장에서 눈물 콧물 다 쏟으며 총괄적인 수업을 철저하게 받습니다. 이처럼 그들은 견디기 어려울 만큼 다양한 훈련을 받는데도 모든 고난의 과정을 잘 통과합니다. 아무리 훈련이 가혹하고 시련의 과정이 힘들어도 그들이 끝까지 버티고 견딜 수 있는 이유는 '보증된 기대' 때문입니다.

이것이 오늘의 핵심 단어입니다. 그것이 무엇일까요? 우리가 앞부분에서 살펴본 중요한 단어 하나가 해답입니다.

자녀이면 또한 상속자 곧 하나님의 상속자요 그리스도와 함께 한 상속자니 우리가 그와 함께 영광을 받기 위하여 고난도 함께 받아야 할 것이니라(롬 8:17)

'상속자'가 되기 때문입니다. 잠시 힘든 과정을 통과하기만

하면 재벌기업 총수 2세, 3세의 자리에 오르는 것입니다. 이
것이 우리가 더 나은 미래를 기대하며 살 수 있는 기반입니다.
17~18절을 봅시다. 메시지 성경 번역은 매우 심플하면서 실
제적입니다.

> 우리는 주님과 함께 믿을 수 없을 만큼 엄청난 상속자입니
> 다. 그러므로 지금 우리가 그분과 더불어 힘든 때를 보내고
> 있다면, 분명 우리는 그분과 더불어 좋은 때도 맞게 될 것입
> 니다. 그런 이유로, 나는 현재 우리가 겪고 있는 힘든 때와
> 장차 우리에게 다가올 좋은 때는 서로 비교조차 할 수 없다
> 고 생각합니다.

본문 말씀처럼 오늘의 고난과 미래의 영광을 비교하여 계
산해 보면 우리는 '보증된 기대'를 품고 여유 있게 살아갈 수
있습니다. 우리는 그리스도와 함께 더 나은 영광을 누리는 자
가 되려면 현재의 고난도 달게 감수해야 합니다. 왜냐하면 지
금 우리가 받는 고난은 앞으로 우리에게 나타날 영광과 전혀

비교가 되지 않기 때문입니다. 힘든 시절보다 좋은 시절이 훨씬 더 크고 길기 때문입니다.

사도 바울은 우리에게 실제적으로 공감시키려고 자연세계의 현상을 설명합니다. 우선 창조세계의 모든 자연만물들도 하나님의 나라가 회복되는 미래의 영광을 기대하며 오늘의 고난을 견디고 있습니다. 그들은 자연세계임에도 불구하고 예수님께서 이 세상에 다시 오셔서 하나님 나라가 회복될 것을 크게 기대하며 살아가고 있습니다.

본문 19~22절입니다.

피조물이 고대하는 바는 하나님의 아들들이 나타나는 것이니 피조물이 허무한 데 굴복하는 것은 자기 뜻이 아니요 오직 굴복하게 하시는 이로 말미암음이라 그 바라는 것은 피조물도 썩어짐의 종 노릇 한 데서 해방되어 하나님의 자녀들의 영광의 자유에 이르는 것이니라 피조물이 다 이제까지 함께 탄식하며 함께 고통을 겪고 있는 것을 우리가 아느니라 자연만물들은 우리처럼 말을 하지 않아서이지, 그들도 더 나은 미래를 기대하며 오늘의 고통과 시련을 잘 견디고 있는 것입니다. 자연만물이 더 나은 미래를 기대하고 산다면, 하나님의 자녀인 우리는 더욱더 종말론적인 기대를 갖고 살아야 할 것입니다.

동시에 더 나은 미래를 기대하는 임신부가 어떻게 현실적 고통을 견디는지를 설명합니다. 임신부는 뱃속의 아이가 커 갈수록 무겁고 힘들지만 그렇다고 그 불편과 고통 때문에 결코 위축되지 않습니다. 오히려 더욱 설레는 기대감으로 힘든 상황을 참고 견뎌 냅니다.

임신부는 배가 부르고 무거워질수록 그 힘든 현실 때문에 위축되는 것이 아니라, 오히려 더 설레는 기대감으로 내면적 기쁨을 누리며 살아갑니다. 생명의 신비는 설명할 수 없는 행복이 있습니다. 이것이 그리스도인의 고난에 대한 역설적 영성입니다. 본문 23절을 자세히 봅시다.

그뿐 아니라 또한 우리 곧 성령의 처음 익은 열매를 받은 우

리까지도 속으로 탄식하여 양자 될 것 곧 우리 몸의 속량을
기다리느니라

우리는 하나님의 상속자, 그리스도와 공동 상속자인 만큼,
더 나은 미래 영광을 학수고대하며 살아갑니다. 여기 '기다리
느니라'에 해당하는 헬라어 '아페크데코마이'(ἀπεκδέχομαι)는 '목
을 길게 빼고 기다리는 열망'을 뜻합니다. 왜 이처럼 애절하고
간절하게 기대하며 살아갈 수 있을까요?

23절은 우리에게 복음의 해답을 줍니다. 예수님이 다시 오
시는 그날이 되면 우리의 몸까지도 완전구원이 이루어지기 때
문입니다. 특히 몸이 아프신 분들은 더욱더 이 말씀을 붙잡고
더 나은 미래를 기대하며 사시기 바랍니다.

오늘 말씀 그대로 우리는 그리스도와 공동 상속자의 영광
을 누리도록 성령님께서 예수님과 똑같은 온전한 몸으로 구원
을 이루어 주실 것입니다.

이런 종말론적 기대감으로 사람뿐만 아니라, 식물은 식물
대로, 동물은 동물대로 우주적 구원의 날을 목을 빼고 학수고

대하고 있습니다. 레드(G. E. Ladd)의 표현처럼 '축복된 희망'으로 살고 있습니다. 더 나은 미래, 모든 것이 영광스럽게 회복되고 완성되는 그날을 기대하는 사람은 오늘의 아픔과 고통을 가지고 위축되지 않습니다.

그래서 사지절단 장애를 가지고 있는 닉 부이치치(Nick Vujicic)는 팔다리가 없는데도 구두 한 켤레를 준비해 놓고 살아가고 있다고 간증합니다. 지금 응답이 되느냐 안 되느냐 그것을 가지고 실망하지 않는다는 말입니다. 왜입니까? 예수님께서 다시 오시는 날에 우리 몸은 예수님의 몸과 같이 완전하게 바뀔 것을 종말론적 기대 신앙으로 기다리기 때문입니다. 우리 중에도 아픈 분이 계십니다. 힘든 분이 계십니다. 인간관계 속에서 많은 상처가 있을 수도 있고, 경제적으로 압박 속에 살아갈 수도 있고, 신앙적으로 믿지 않는 가정에서 억압 속에 살아갈 수도 있지만, 주님 오시는 날 모든 것이 완벽하게 매듭지어질 줄로 믿으시기 바랍니다.

본문을 자세히 관찰해 보면 종말론적인 단어들을 많이 사용합니다. '영광', '자유', '해방' 이라는 용어입니다. 하나님 나라의 도래와 함께 우리를 아픔과 고통에서 해방시켜 준다는 것입니다. 우리를 인생의 무거운 짐에서 자유하게 하십니다. 더 큰 영광을 누리게 하십니다.

그러므로 고난은 우리를 작아지게 하지 못합니다. 우리를 위축시키지 못합니다. 오히려 더 큰 기대감으로 살게 합니다. 더 나은 미래를 대망하며 큰 배짱으로 살게 합니다. 여유를 갖고 살게 합니다. 그래서 본문에서는 "더 나은 미래를 기대하며 살자"는 말을 계속 반복합니다(19, 23, 25절). 무엇 때문에 우리에게는 절망 중에서도 희망이, 어둠 속에서도 장밋빛 기대가 가능할까요?

1
고난이 클수록 영광도 큽니다

세상의 고난은 우리의 행복을 망가뜨리려고 하지만, 하나님은 고통을 사용하여 우리를 더욱 행복하게 전화위복시켜 주십니다.

맹자는 이렇게 말합니다.

"대임을 맡기기 전에 대난을 허락하신다."

때로는 혹독한 시련의 과정을 통과해 봐야 더 큰 난제들도 헤쳐 나갈 수 있기 때문입니다.

옛날 격언에 "왕관을 쓰려면, 그 왕관의 무게를 버텨라"는 말이 있습니다. 신라 시대 왕관의 무게는 보통 1kg 정도, 금 266돈가량입니다. 머리 위에 쓰고 다니려면 굉장히 무겁습니다. 이처럼 왕관이 무겁다고 하여 왕의 자리를 버리는 사람은 없습니다. 왕관의 무게를 버텨야 왕의 영예와 특권을 누릴 수 있는 것입니다.

어느 체육코치가 선수들의 운동복 등에 쓴 문구가 참 감동적입니다.

"No gain without pain"(고통 없이 승리는 없다)

"No sweat, no Sweet"(쓴맛을 알아야 단맛을 즐길 수 있다)

하나님은 아담에게서 갈비뼈를 조금 떼어 내시고, 하와라는 아름답고 고귀한 큰 선물을 주셨습니다. 아담은 갈비뼈를 떼어 내기 위해 잠깐 동안 잠들고 난 후에 아름다운 여인 하와를 얻어 930년을 해로하는 행복을 누렸습니다. 이것이 곧 고난의 일시성과 영광의 영원성입니다.

그러므로 우리는 어떤 어두운 현실에서도 희망을 품고 견디며 살아갈 수 있습니다. 미래 승리의 영광을 바라볼 때 우리는 어떠한 절망의 절벽 앞에서도 위축되지 않고 살아갈 수 있습니다. 고난이 큰 만큼 영광도 크기 때문입니다. 인생의 십자가가 클수록 나중에 그 십자가는 우리를 축복의 땅으로 건너가게 해주는 큰 다리가 되어 주는 것입니다.

우리의 고난이 하나님의 도구가 될 줄 믿으시기 바랍니다.

2
우리가 약할수록 하나님의 도움은 더욱 큽니다

내 인생의 짐이 무거울수록 하나님은 더 큰 힘을 주십니다. 인생의 짐이 무거운 만큼 감당할 수 있는 어깨도 겸하여 주십니다.

사도 바울은 자신의 경험을 기초로 이렇게 간증합니다.

그러므로 내가 그리스도를 위하여 약한 것들과 능욕과 궁핍
과 박해와 곤고를 기뻐하노니 이는 내가 약한 그 때에 강함
이라 (고후 12:10)

고통과 고난이 당신을 무릎 꿇게 할 때, 그때가 바로 당신
의 인생에서 하나님의 능력이 가장 크게 나타날 때입니다.
이에 대하여 금세기 최고의 설교자 중 한 분인 찰스 스윈돌
(Charles R. Swindoll)은 이런 지침을 줍니다.

"당신의 고난이 하나님의 벌이라고 추측하지 말라. 고난이
지나가면 하나님이 당신에게 더 큰 기쁨을 주실 것을 기대하
라. 주님이 당신을 버리셨다고 생각하지 말라. 당신의 두려움
과 의심을 고백하고, 그분께 헤쳐 나갈 수 있는 힘을 달라고
요청하라."

내 인생의 무거운 짐 때문에 위축되지 말고, 오히려 짐이

무거운 만큼 주님이 나에게 더 큰 힘을 주시도록 간구하는 자에게 오늘도 주님은 놀라운 도우심의 손길로 우리를 새롭게 하여 주십니다. 오늘도 짐을 주시는 하나님은 힘도 겸하여 주십니다.

남들보다 응답이 더딜지라도 더 나은 미래를 기대하며 의연하고 꿋꿋하게 살아갈 수 있기를 바랍니다.

2차 대전 시절 유대인들은 폴란드의 아우슈비츠 수용소에서 이렇게 애절한 노래를 불렀습니다.

"나는 믿는다. 나의 메시아가 나를 돕기 위해서 반드시 나를 찾아오리라는 사실을…."

그런데 하나님께로부터 아무런 응답을 듣지 못한 채 끊임없이 독가스실로 끌려가는 악순환이 계속되자 그들은 믿음이 약해져 이 노래 가사에 한 소절을 덧붙여서 자조적인 노래를 불렀습니다.

"그런데 때때로 그 메시아는 너무 늦게 오시는 도다."

이런 암울하고 절망적인 상황에서도 더 나은 미래를 기대하므로 희망의 승리자가 된 한 사람이 있습니다. 그가 곧 빅터 프랭클(Viktor Frankl)입니다. 금세기 최고의 상담치유 사역자입니다. 그는 아침마다 수많은 사람들이 독가스실로 끌려가는 절체절명의 상황에서도 희망을 포기하지 않았습니다. 그래서 그는 아침마다 유리 파편 조각으로 말끔하게 면도를 하고 더 나은 미래를 기대하며 희망을 품고 살았습니다. 그의 노래는 다른 유대인들과 마지막 결론이 달랐습니다.

"나는 믿는다. 나의 메시아가 나를 돕기 위해서 반드시 나를 찾아오리라는 사실을….

그런데 사람들은 너무 서두른다. 사람들은 너무 서둘러 믿음을 포기한다."

여기에 엄청난 차이가 있습니다. "믿음을 포기하느냐, 믿음으로 기대하느냐"입니다. 생과 사가 결정됩니다. 빅터 프랭클은 더 나은 미래를 기대하는 희망적 신앙으로 살았기 때문에 죽음의 용광로 아우슈비츠에서도 살아나올 수 있었습니다.

이것이 오늘 24~25절의 결론입니다.

우리가 소망으로 구원을 얻었으매 보이는 소망이 소망이 아

니니 보는 것을 누가 바라리요 만일 우리가 보지 못하는 것
을 바라면 참음으로 기다릴지니라

사도 바울은 여기서 '희망'(소망, hope: 엘피스 ἐλπὶς)이라는 단어
를 5번이나 반복하여 강조합니다. 우리는 희망 가운데서 구원
을 받았고, 보이지 않는 것도 보는 것처럼 희망을 품고 살기
때문에 그 어떤 고난과 시련도 참고 견디자고 호소합니다. 특
히 더 나은 미래를 기대하며 견딘다면 반드시 좋은 결과를 보
게 된다고 말합니다.

인생의 모든 고난은 끝이 막힌 동굴이 아니라, 반드시 미래
가 뚫린 터널입니다. 언젠가는 끝이 있고, 나가는 출구가 있
습니다. 그래서 우리는 희망을 가지고 기대하며 견뎌 낼 수 있
습니다. 내 인생에는 반드시 출구가 있습니다. 어떤 상황에서
도 더 나은 미래를 기대하며 살아야 합니다.

우리가 존경하는 마틴 루터 킹(Martin Luther King)은 50년 전인
1963년 인종차별의 절망적 상황에서도 워싱턴 광장에서 이런
내용으로 희망적 기대를 선언했습니다.

"저는 산꼭대기에 올라, 미래 꿈이 이루어지는 약속의 땅을 보고 있습니다."

50년이 지난 지금 어떻습니까. 워싱턴 D.C 백악관은 마틴 루터 킹의 희망이 이뤄진 산 증거가 되었습니다. 그는 더 나은 미래를 기대하며 포기하지 않았습니다. 우리는 더 나은 미래를 기대하는 희망을 품고 살아가야 합니다.

1911년 프랑스 시인 찰스 피기(Charles Péguy)는 희망의 예찬을 이런 아름다운 시로 읊어 줍니다.

희망의 비밀로 가는 문

믿음은 그 당시와 그 영원에 대한 것을 봅니다.
사랑은 그 때와 영원에 있는 것을 사랑합니다.
그러나 희망은 모든 것을 앞으로 옮겨 놓습니다.
믿음은 보기는 보는데, 단지 장차 이루어질 것을 볼 뿐입니다.
사랑은 단지 장차 이루어질 것만을 사랑합니다.
그런데 희망은 아직 그렇지 않지만 그렇게 될 것을 내다봅니다.

희망은 아직 아니지만 그렇게 될 것을 사랑합니다.

시간과 영원의 미래 안에서 말입니다.

그래서 희망은 믿음과 사랑보다 앞서 걷고 있는 것입니다.

21세기 여성 신학자 월터 윙크(Walter Wink)는 희망에 대해서 다음과 같이 간단명료하게 말합니다.

"희망은 미래를 마음에 그리고, 마치 그 미래가 지금 확실히 이루어진 것처럼 행동하는 것이다."

우리 모두 힘들고 괴로울 때마다 이 말씀을 붙잡고 승리하며 살아갈 수 있기를 바랍니다. 우리는 주님과 함께 믿을 수 없을 만큼 엄청난 상속자입니다. 그러므로 지금 우리가 그분과 더불어 힘든 때를 보내고 있다면, 분명 우리는 그분과 더불어 좋은 때도 맞게 될 것입니다. 그런 이유로, 저는 현재 우리가 겪고 있는 힘든 때와 장차 우리에게 다가올 좋은 때는 서로 비교조차 할 수 없다고 생각합니다. 지금 힘든 상황에 위축되지 말고, 더 좋은 미래 상황과 더 나은 미래의 영광을 기대하며 힘차게 살아갑시다.

9장
성령님이 도와주십니다

이와 같이 성령도 우리의 연약함을 도우시나니 우리는 마땅히 기도할 바를 알지 못하나 오직 성령이 말할 수 없는 탄식으로 우리를 위하여 친히 간구하시느니라 마음을 살피시는 이가 성령의 생각을 아시나니 이는 성령이 하나님의 뜻대로 성도를 위하여 간구하심이니라 우리가 알거니와 하나님을 사랑하는 자 곧 그의 뜻대로 부르심을 입은 자들에게는 모든 것이 합력하여 선을 이루느니라 하나님이 미리 아신 자들을 또한 그 아들의 형상을 본받게 하기 위하여 미리 정하셨으니 이는 그로 많은 형제 중에서 맏아들이 되게 하려 하심이니라 또 미리 정하신 그들을 또한 부르시고 부르신 그들을 또한 의롭다 하시고 의롭다 하신 그들을 또한 영화롭게 하셨느니라 (롬 8:26~30)

미래학자들은 우리가 살고 있는 21세기를 3불(不) 시대라고 말합니다. 그것은 바로 '불평등, 불확실, 불안'입니다. 미래사회는 갈수록 빈익빈 부익부 현상으로 사회체제가 구조적으로 불평등하게 되고, 예측이 불확실하기 때문에 불안합니다. 그래서 성공 가능성보다 실패 가능성이 커진다고 말합니다.

성경은 이 점에 관하여 두 가지를 주지시킵니다.

첫째, 우리는 미래를 예측할 수 없습니다(25절).

둘째, 우리는 미래를 기획할 수 없습니다(26절).

이런 안타까운 삶의 현실을 도와주기 위해 성령님이 우리 곁에 계신 것입니다. 성경은 성령님의 이름을 '보혜사'라고 합니다. 요한복음 14, 15, 16장에서 끊임없이 얘기하고 있습니다. '보혜사'의 이름은 문자적으로도 '우리 곁에 오셔서 도우시는 분'이라는 뜻입니다. 이 보혜사를 요한복음에서는 좀 더 자세히 세 가지 측면, 즉 '위로자', '변호자', '돕는자'로서 설명합니다.

본문 26절을 보면 맨 먼저 성령님을 도와주시는 분으로 소개합니다. 즉, 보혜사 성령님은 우리가 더 나은 미래를 기대하며 살려고 하지만 힘든 현실 때문에 지칠 수밖에 없을 때, 우리 곁에서 우리를 도와주십니다. 메시지 성경을 보면, 성령님은 세상에서 외롭게 고군분투하는 우리를 찾아오셔서 도와주시는 분이심을 공감시켜 줍니다.

"하나님의 영이 바로 우리 곁에서 우리를 도우십니다."(The

Spirit is alongside helping us along, 메시지 성경)

그러면 보혜사 성령님은 우리를 어떻게 도와주실까요?

1
성령님은
우리의 기도생활을 도와주십니다

우리는 삶이 힘들어 지치다 보면 결국 기도할 힘조차 잃게 됩니다. 그래서 어떻게 기도하며, 또 무엇을 기도해야 할지 답답하고 막막해집니다. 이렇게 마음이 갑갑한 상황에 놓이면 우리는 할 말을 잃고 신음하는 기도를 드릴 뿐입니다(26절). 바로 이때 성령님이 우리 곁에서 도와주십니다. 보혜사 성령님은 가슴속에서 끙끙거리는 우리를 위해 애절한 심령으로 기도해 주십니다.

도드(C. H. Dodd)라는 신학자도 성령님이 우리의 기도를 도와주셔야 할 이유를 쉽게 설명합니다.

첫째, 우리는 미래를 정확히 내다볼 수 없습니다.

둘째, 우리는 무엇이 가장 좋은 것인지를 알 수 없습니다.

어떻게 기도하는 것이 옳은지, 무엇을 기도하는 것이 옳은지를 분간하기 어려운 시대에 살고 있기 때문에, 이때야말로 성령님의 도우심이 필요한 것입니다.

본문 27절을 봅시다.

마음을 살피시는 이가 성령의 생각을 아시나니 이는 성령이 하나님의 뜻대로 성도를 위하여 간구하심이니라

성령님은 우리 자신보다 우리를 훨씬 더 잘 아시기 때문에 하나님의 뜻을 따를 수 있도록 우리의 마음을 헤아리셔서 기도를 도와주십니다. 즉, 성령님은 삶의 현실이 너무 고달프고 힘들어서 우리가 신음하듯이 절규하는 기도를 내적으로 힘 있게 밀어주십니다. 우리 가슴 안에서 울어 주시고, 함께 슬퍼하시며, 위로해 주시고, 새로운 기운을 불어넣어 주십니다.

영국의 성경학자 메튜 헨리(M. Henry)는 이렇게 구체적으로 설명합니다.

"성령님은 우리로 하여금 기도하고 싶게 만들고, 어떻게 기도해야 할지를 가르쳐 주시고, 우리의 기도에 신비한 힘을 공급해 주신다."

우리가 알듯이 예수님도 우리의 기도를 도와주시는 중보자이고, 성령님도 우리의 기도를 도와주시는 중보자입니다. 그런데 사역의 방법에 차이가 있습니다. 이렇게 대조하면 이해가 쉽습니다.

예수님은 천상의 중보기도자	성령님은 지상의 중보기도자
예수님은 내 밖의 중보기도자	성령님은 내 안의 중보기도자

특히 성령님은 우리의 기도가 하나님의 뜻에 맞도록 도와주십니다. 성령님은 사람의 마음을 깊이 헤아리시고, 동시에 하나님의 생각과 의중을 아시기 때문에 우리로 하여금 하나님의 뜻에 맞는 기도를 하게 하십니다. 그래서 기도를 하다 보면 내 생각을 접고 하나님 중심으로 기도합니다. 이처럼 성령님

은 우리의 기도가 응답 받도록 도와주십니다. 얼마나 놀라운 축복인가요?

우리가 기도를 잘하고 못하고는 중요하지 않습니다. 어떨 때는 기도할 의욕도 없고, 기도할 기운도 없고, 기도할 내용도 막막합니다. 그럴 때일수록 그냥 무릎 꿇고 엎드리시기 바랍니다. 그때부터 성령께서 우리의 기도를 도와주시고, 우리의 기도를 이제는 내 생각이 아니라 하나님의 마음에 맞는 기도 내용으로 주도하여 주실 것입니다. "성령님은 우리의 기도를 어떻게 도와주십니까?" 성령님은 우리의 기도가 응답되도록 도와주십니다.

한번은 연말을 앞두고 교회비전을 위해 집중 기도를 하려고 하나님 앞에 나아갔습니다. 하나님께서 얼마나 기다리셨던지 기도하자마자 곧바로 응답하셔서 고등부 교육관을 계약하였습니다. 이처럼 성령님은 우리에게 기도할 마음을 주시고, 하나님의 뜻에 맞는 기도를 하게 하시며, 놀라운 방법으로 응답해 주십니다.

오늘 우리가 살아가면서 회사에서, 일터에서, 사업의 현장

속에서, 가정환경 속에서, 여러 가지 복잡한 인간관계 속에서 힘들 수 있습니다. 답답할 수 있습니다. 그런데 그때 무엇을 하려고 하지 마시기 바랍니다. 내가 기도하려고 하지 말고 그 냥 갈망하는 마음으로, 애절한 마음으로 무릎만 꿇어도, 엎드 리기만 해도 성령님이 내 기도를 이끌어 가십니다. 그리고 놀 라운 방법으로 응답하십니다.

오늘 우리 모두 보혜사 성령을 체험하며 사시기를 바랍니 다. 성령님은 우리의 내면에서 함께 아파하시고, 위로하시며, 속삭여 주십니다. 하나님 중심으로 살 수 있는 새 힘을 주십니 다.

2
성령님은
우리의 인생 전반을 도와주십니다

성령님은 우리의 혼란스러운 현실을 질서체계로 바꾸어 주 십니다. 성경 창세기 1장 2절을 보면 온 우주가 혼돈상태에 있을 때 성령님이 오셔서 질서체계로 만들어 주셨습니다. 소위 혼돈(Caos)을 질서(Cosmos)로 바꾸어 주셨습니다. 그래서 우주를 코스모스라고 합니다.

오늘도 우리의 삶에 꼬이는 일이 발생하여 무질서와 혼란이 야기된다 할지라도 성령님은 새로운 질서로 바꾸어 주십니다. 마음과 감정의 혼돈을 바로잡아 주십니다.

고든 맥도날드(Gordon MacDonald)가 정리해 주듯이, 성령님은 내면세계의 질서를 바로잡아 주십니다.

그래서 성령님은 모든 일의 결과가 유익되도록 역사해 주십니다. 본문 28절을 봅시다.

우리가 알거니와 하나님을 사랑하는 자 곧 그의 뜻대로 부르심을 입은 자들에게는 모든 것이 합력하여 선을 이루느니라

본문을 좀 더 이해하기 쉽도록 표현하면 이렇습니다.

"하나님을 사랑하는 사람들, 곧 그분의 뜻을 따라 살려고 하는 사람들에게는 결국 모든 일이 유익하게 된다는 것을 우

리는 알고 있습니다.”

여기 “모든 것”이라는 헬라어는 ‘판타’(πάντα)인데, 우리가 일상에서 겪는 모든 일을 다 포함합니다. 다시 말해 시련과 연단, 고난과 역경, 아픔과 상처, 선과 악, 성공과 실패, 그야말로 모든 것들입니다. 성령님은 인생 전반을 은혜로 주도해 주십니다. 또한 “모든 것이 합력하여 선을 이룬다”는 말은 모든 것을 다 선한 방향으로 용해시킨다는 뜻입니다(into good). 마치 제련소에서 용광로에 들어가는 모든 녹슨 고철들이 다 용해되어서 새로운 품질의 좋은 철을 만들어 내는 것과 같습니다. 또한 섬유공장에서 천을 짤 때 날줄과 씨줄이 서로 얽히고설키면서 직조기에 들어가는데, 결국은 아름다운 원단이 되어 나오는 것과 같습니다. 마치 어떤 흙탕물이라도 정수기의 필터를 통해서 (좋은 물을 만들어 내는) 맑은 물이 되는 것과 같습니다.

우리의 인생에 우여곡절이 있을 수 있습니다. 온갖 사건이 다 일어날 수 있습니다. 다른 사람이 문제를 일으켜서 내가 손해를 볼 수도 있습니다. 때로는 나의 잘못으로 복잡한 상황에 빠질 수도 있습니다. 그렇다 할지라도 성령님이 도와주시면 모든 것이 제련소에서 나오는 아름다운 철강처럼, 직조기에서 나오는 좋은 원단처럼, 정수기에서 나오는 깨끗한 물처럼 하나님은 모든 것을 '선한 방향'(into good)으로 이끌어 가십니다. 이것이 하나님 나라의 축복입니다.

하나님은 우리 인생의 그 어떤 우여곡절도 최상의 작품으로 필터링해 주십니다. 최악을 최상으로 필터링해 주십니다. 일의 진행 과정에서 시행착오가 있더라도 결과는 복이 되게 하십니다.

우리가 사용하는 한자성어, 인생의 길흉화복은 변화가 많아서 예측하기가 어려움을 의미하는 '새옹지마'(塞翁之馬)와 재앙과 화가 바뀌어 오히려 복이 됨을 나타내는 '전화위복'(轉禍爲福)은 그리스도인을 위한 고유명사입니다.

하나님은 어쨌거나 악을 선으로 바꾸어 주십니다. 하나님은 새 창조의 영이신 성령님을 통하여 인생의 작품을 만들어 주십니다. 그러면 어떤 사람에게 이런 행운이 따라 줄까요? 본문을 자세히 보십시다.

우리가 알거니와 하나님을 사랑하는 자 곧 그의 뜻대로 부르심을 입은 자들에게는 모든 것이 합력하여 선을 이루느니라

하나님을 사랑하는 사람들, 즉 그분의 뜻을 따라 살려고 하는 사람들에게는 모든 일이 유익 되도록 역사해 주신다는 사실입니다. 우리가 어떤 혼란스러운 상황에서도 하나님을 사랑하는 마음으로 그분의 뜻을 따라 살고자 힘쓰고 발버둥치는 만큼 주님은 최상의 결과를 안겨 주십니다. 이것이 성령님께서 우리의 인생여정을 통해 이루어 가시는 놀라운 축복입니다. 본문 29절과 30절의 메시지입니다.

하나님이 미리 아신 자들을 또한 그 아들의 형상을 본받게 하기 위하여 미리 정하셨으니 이는 그로 많은 형제 중에서 맏아들이 되게 하려 하심이니라 또 미리 정하신 그들을 또한 부르시고 부르신 그들을 또한 의롭다 하시고 의롭다 하신 그들을 또한 영화롭게 하셨느니라

이 짧은 두 절을 통해 인생의 구원여정을 총론적으로 설명합니다. 신학적으로 다섯 개의 굵직한 단어를 동원합니다. '예지', '예정', '소명', '칭의', '성화(영화)'입니다. 이것은 우리 구원의 시작부터 완성까지의 프로세스입니다.

하나님은 우리의 구원계획부터 완성에 이르기까지 인생의 모든 파노라마 속에 보혜사 성령님을 보내셔서 복되게 이끌어 가도록 도와주십니다. 그래서 성령님은 우리가 예수님과 공동상속자의 영광에 이르기까지 인생 전반을 최상의 은총으로 도와주십니다.

나의 시행착오일지라도, 내가 잘못을 인정하고 바르게 살고자 하나님을 붙잡을 때 주님은 전화위복으로 반전시켜 주십니다. 그래서 로마서 8장에서 계속 살펴보는 것처럼, 성령님께서는 우리가 그리스도와 영광스러운 '공동 상속자'가 되는 영광의 정점까지 우리 인생 전반을 곁에서 도와주십니다. 그 성령님과 동행하며 살 수 있기를 바랍니다.

말씀을 시작하면서 우리는 미래를 예측할 수 없고, 또한 미래를 정확하게 기획할 수 없다고 말했습니다. 그래서 우리는 미래가 불확실하고 불안할 수밖에 없는 것입니다. 이런 상황 속에서 우리는 하루하루 영적 전투 속에서 살아갑니다. 어떤 경우에는 갈피를 잡지 못해 어떻게 기도해야 할지 막막하기만 합니다. 위기상황에서 안절부절못할 수도 있습니다. 그런데도 우리의 중심에 하나님을 사랑하는 마음만 분명하면 성령님이 앞장서서 도와주십니다.

출근하고 오늘 하루 어떤 일이 일어날지 쉽게 예측할 수는 없습니다. 사업의 현장에서 살아남기 위해 발버둥 치고 애쓰고 있으십니까? 목회자도 교회 사역을 하는 데 있어서 그냥 저절로 되지 않습니다. 그러나 분명한 것이 있습니다. 그런 상황 속에서도 애절하게 하나님을 의지하고 믿음으로 나아가면, 성령님은 신비롭게 문제를 풀어 주시고 역사하여 주십니다.

우리가 직장이나 사업현장에서 생생하게 체험할 수 있는 놀라운 사실이 있습니다. 목회자도 교회 일을 하면서 신비롭게 체험하는 일들이 있습니다. 그것은 곧 구약성경 에스더서의 이야기처럼 하만과 모르드개의 싸움입니다. 처음에는 세상 권력을 거머쥐고 있는 하만 같은 사람 앞에서 무기력함을 느낍니다. 권모술수와 계략을 꾸미는 자 앞에서 당해 낼 재간이 없어서 가슴이 답답할 때가 있습니다.

그런데 하나님 편에 서는 신앙의 중심이 흔들리지만 않는다면 성령님이 역사하셔서 하만을 이기는 모르드개가 되게 하십니다. 영적 대결에서 승리자가 되게 하십니다. 이것이 보혜사 성령님이 우리를 도와주시는 놀라운 은혜입니다.

오늘도 마찬가지입니다. 성령 없이 잔머리를 굴리는 사람은 하만처럼 바보가 될 것이고, 오직 성령님만 의지하며 기도로 매달리는 사람에게는 모르드개처럼 최상의 역사가 일어날 것입니다. 우리의 일터와 삶의 현장에서 성령의 신비한 역사가 일어날 줄 믿으시기 바랍니다. 우리 모두 이 말씀으로 큰 확신을 가지시기 바랍니다. 성령님은 그 어떤 불가항력적 상황에서도 영적 질서를 바로잡아 주십니다. 어떤 우여곡절에서도 결국 복이 되게 하십니다. 우리가 잠깐 동안 혼란스러운 과정을 겪게 되더라도 어쨌거나 결과는 유익 되게 하십니다. 그러기에 우리는 아무리 힘든 세상에서도 흔들리지 않고 살아갈 수 있습니다. 보혜사 성령님이 도와주십니다.

10장

넉넉한 승리의식으로 살아갑시다

그런즉 이 일에 대하여 우리가 무슨 말 하리요 만일 하나님이 우리를 위하시면 누가 우리를 대적하리요 자기 아들을 아끼지 아니하시고 우리 모든 사람을 위하여 내주신 이가 어찌 그 아들과 함께 모든 것을 우리에게 주시지 아니하겠느냐 누가 능히 하나님께서 택하신 자들을 고발하리요 의롭다 하신 이는 하나님이시니 누가 정죄하리요 죽으실 뿐 아니라 다시 살아나신 이는 그리스도 예수시니 그는 하나님 우편에 계신 자요 우리를 위하여 간구하시는 자시니라 누가 우리를 그리스도의 사랑에서 끊으리요 환난이나 곤고나 박해나 기근이나 적신이나 위험이나 칼이랴 기록된 바 우리가 종일 주를 위하여 죽임을 당하게 되며 도살 당할 양 같이 여김을 받았나이다 함과 같으니라 그러나 이 모든 일에 우리를 사랑하시는 이로 말미암아 우리가 넉넉히 이기느니라 내가 확신하노니 사망이나 생명이나 천사들이나 권세자들이나 현재 일이나 장래 일이나 능력이나 높음이나 깊음이나 다른 어떤 피조물이라도 우리를 우리 주 그리스도 예수 안에 있는 하나님의 사랑에서 끊을 수 없으리라 (롬 8:31~39)

세계에서 가장 영향력 있는 여성 중에 오프라 윈프리(Oprah Winfrey)가 있습니다. 그녀는 최초의 흑인 앵커이자 세계적인 여성 잡지 '보그'의 패션모델이요, 미국에서 가장 인기 있는 토크쇼의 진행자입니다. 그리고 세계에서 가장 영향력 있는 인물 100위에 들어 있습니다. 하지만 그녀는 1954년 미혼모의 아이로 태어나 엄청난 불운과 아픔 속에서 살았습니다. 다행히도 세 살 때 교회에서 성경을 배우고 암송한 말씀에 힘을 얻어 긍정적인 자존감으로 인생 승리자가 되었습니다. 그녀는 자신의 환경에 대해 이렇게 말합니다.

"난 뚱뚱하고 못생겼다. 나는 흑인이다. 사생아다. 지독히 가난했었다. 그리고 미혼모였다. 그래서 그게 뭐 어떻다는 건가? 나는 하나님의 사랑받는 자녀다."

오늘 우리도 이와 같은 승리의식으로 살아야 합니다. 누가 뭐래도 우리는 하나님의 사랑받는 자녀입니다. 사탄은 사람으로 하여금 스스로 자괴감에 빠지는 상처의식이나 패배의식으로 위축된 삶을 살게 하지만, 예수님은 십자가의 은혜와 사랑으로 승리의식을 품고 살게 해주십니다. 자녀가 좋은 학교에 합격하지 못할 수도 있습니다. 회사에서 승진하지 못할 수도 있습니다. 사업으로 큰돈을 벌지 못할 수도 있습니다. 그럼에도 불구하고 우리는 오프라 윈프리처럼 승리의식으로 살아갈 수 있어야 합니다.

"그래서, 그게 뭐 어떻다는 건가? 나는 하나님의 사랑받는 자녀다."

로마서 8장 1절에서는 우리가 예수님 안에서 해방되었음을 선언합니다. 즉, 정죄에서 사죄로 바뀌었음을 선언합니다. 그런데 마지막 결론인 39절에서는 우리가 예수님 안에서 승리자가 될 수 있음을 선언해 줍니다. 그것도 '넉넉한 승리자'로 살아갈 수 있음을 확신시켜 줍니다. 이런 맥락에서 사도 바울은 5가지 질문과 명쾌한 대답으로 우리의 승리를 보장해 줍니다.

첫 번째 질문, 만일 하나님이 우리 편이시면, 누가 우리를 대적하겠습니까?(31절)

하나님이 우리를 편들어 주시는데, 그 누가 우리의 행복을 가로막을 수 있겠습니까? 세상의 그 어떤 세력도 우리의 행복을 가로막을 수는 없습니다. 다윗은 그렇게 많은 어려움 속에서도 흔들리지 않는 정체성을 가졌습니다. "하나님이 내 편이

시다. 누가 나를 가로막을 수가 있는가." 이 고백이 있었기 때문입니다.

두 번째 질문, 자기 아들을 아끼지 않으시고, 우리 모두를 위하여 내주신 분이, 어찌 그 아들과 함께 모든 것을 우리에게 은혜로 주지 않으시겠습니까?(32절)

사도 바울의 신학적 기초는 오직 은혜입니다. 하나님께서 죄인 된 우리를 구원하기 위해 독생자 아들까지도 아낌없이 주셨으니, 뭐가 아깝겠습니까? 큰 것을 주신 분이 작은 것은 더 아낌없이 주신다는 확신의 노래입니다. 그래서 '모든 것'을 우리에게 기꺼이 주신다고 선언합니다. 우리가 필요로 하는 모든 것을 다 주신다는 뜻입니다. 우리의 인생은 오직 은혜로 풀려 감을 믿으시기 바랍니다.

세 번째 질문, 하나님께서 택하신 사람들을, 누가 감히 고소하겠습니까?(33절)

하나님은 우리를 조건 없이 선택해 주셨습니다. 그러니 우리의 구원은 아무도 시비할 수 없습니다. 우리 교회에도 입양해서 아이들을 키우는 분들이 늘어 가고 있습니다. 내가 누군가를 입양해서 내 자녀로 만들었는데 어느 누가 그것을 시비할 수 있겠습니까? 하나님이 나를 선택해 주셨기에 아무도 그것을 가지고 문제 삼을 수 없는 것입니다.

네 번째 질문, 우리를 의롭다 하시는 분이 하나님이신데, 누가 감히 정죄하겠습니까?(34절)

우리는 예수님의 십자가 보혈로 죄 사함을 받았으니 더 이상 죄인이 아니라, 의인입니다. 우리가 도덕적으로 흠이 없어서 구원받은 것이 아니라, 오직 예수님의 십자가 보혈로 죄 사함을 받았습니다. 자격 없는 우리를 의롭다고 선포해 주셨습니다. 그래서 예수님은 지금도 하나님 앞에서 우리를 변호해 주고 계십니다.

이처럼 하나님의 은혜는 전적으로 예수님의 자격을 기준으로 하기 때문입니다. 우리는 스스로 그 어떤 복도 받을 자격이 없습니다. 하지만 오직 우리를 위하시는 예수님 덕분에 하나님은 우리에게 그 어떤 복도 아끼지 않으십니다. 이것이 곧 은혜입니다. 과분한 은혜입니다. 어떤 신학자가 이런 표현을 했습니다.

"우리가 죽어서 마지막 심판대 앞에 섰을 때에, 하나님은 우리의 소리를 안 들으십니다. 우리가 변명하거나 용서를 구하는 소리를 안 들으십니다. 그 대신 예수님의 소리를 듣고 평가해 주십니다."

우리는 죄투성이고, 아직도 변화되지 않는 모습이 많음에도 불구하고 우리가 하나님 앞에 섰을 때 우리의 모습은 하나님에게 문제가 되지 않습니다. 예수님의 십자가 사죄 은총만이 기준입니다. 예수님께서 하나님 아버지에게 "이 아들도, 이 딸도 내가 십자가의 피로 의롭게 만들었으니 받아 주세요"라고 하면 하나님은 다 받아 주십니다. 할렐루야! 누가 고소할 수 있고 시비할 수 있습니까?

사도 바울은 최고의 지성인답게 논리 정연한 질문의 절정으로 깔끔한 결론적 반문을 합니다.

다섯 번째 질문, 그렇다면 누가 우리를 그리스도의 사랑에서
끊을 수 있겠습니까?(35절)

우리는 스스로 어떤 복도 받을 자격이 없습니다. 하지만 하
나님께서는 예수님 때문에 우리에게 그 어떤 복도 아낌없이
주십니다. 그래서 은혜입니다. '과분한 은혜'입니다. 바울은
이 질문에 굉장한 대답을 합니다. 35절부터 39절까지 사자가
포효하듯이 힘찬 선언으로 대답합니다.

"하늘과 땅의 아무것도 우리를 하나님의 사랑에서 끊을 수
없도다."

이처럼 로마서 8장은 그리스도인의 완성된 구원과 넉넉한
승리를 확신시켜 줍니다.

존 필립스(John Phillips)라는 신학자는 우리가 넉넉한 승리자
로 살아갈 수 있는 원리를 두 가지로 요약합니다.

첫째, 우리를 대적하는 사탄의 완전한 패배입니다(the perfect defeat).

2천 년 전 사탄은 예수 그리스도의 십자가 능력으로 완전히 패망하였습니다.

둘째, 우리를 사랑하시는 분의 완전한 보호입니다(the perfect defense).

예수님은 우리를 위해서 죽으셨고, 살아나셨고, 승천하셨고, 그리고 지금도 우리를 위해서 중보기도해 주고 계십니다.

이것이 곧 예수 그리스도의 넘치는 사랑입니다. 예수님은 지상에 계실 때만 우리를 사랑하신 것이 아니라, 지금 천상에서도 우리를 위해 사랑으로 중보기도하고 계십니다. 요한복음 13장 1절 말씀 그대로, 자기 사람들을 사랑하시되 끝까지 사랑하시는 그 사랑으로 우리를 승리자가 되게 해주십니다.

우리는 기복이 있을 수 있습니다. 어느 날은 성령이 충만했

다가 어느 날은 우울할 수도 있습니다. 그렇다고 해서 주님의 사랑이 같이 흔들리는 것이 아닙니다. 끝까지 사랑하십니다.

우리 부모님들을 격려해 드리고 싶습니다. 우리가 자녀를 키우다 보면 내 뜻대로 안 될 수도 있습니다. 철이 늦게 들 수도 있습니다. 그렇게 자식들을 위해서 애를 썼는데도 일이 잘 안 풀릴 수도 있습니다. 포기하지 마십시오. 성경은 분명히 약속합니다. 하나님께서 선택하신 믿음의 가정의 자녀들을 끝까지 사랑하여 주실 줄 믿으시기 바랍니다. 넉넉한 승리자의 열매를 맺어 주실 줄 믿으시기 바랍니다. 그래서 예수님은 이천 년 전에 말씀하셨습니다.

"나중 된 자가 먼저 될 수 있으니 인생을 그렇게 쉽게 단정하거나 속단하지 말라"는 것입니다. 우리는 여전히 예수 그리스도의 사랑으로 넉넉한 승리자가 될 수 있습니다.

사도 바울이 살았던 시대는 기독교 박해가 가장 극심했던 때입니다. 로마 정부의 핍박은 잔혹 무도했습니다. 수많은 그리스도인들이 맹수의 밥이 되고, 잔혹하게 처형을 당했습니다. 36절 표현대로 마치 도살장에 끌려가는 양처럼 힘없이 생명을 잃기도 했습니다.

그런데도 사도 바울은 역설적인 승리를 선포합니다. 37절을 보십시다.

그러나 우리는 이 모든 일에서 우리를 사랑하여 주신 그 분을 힘입어서, 이기고도 남습니다(표준새번역).

이기고도 남는 '넉넉한 승리자' 그 환상을 가지고 살았습니다. 기독교 초기 순교자들은 예수님의 사랑 하나만을 가지고도 세상이 감당할 수 없는 위대한 승리의 삶을 살았습니다. 그처럼 잔혹 무도한 처형을 당하고 순교의 제물이 되면서도 하나님의 사랑을 힘입어 요동하지 않는 승리자의 기상을 보여주었습니다. 그래서 바울은 더욱더 역동적인 승리자의 모습으로 포효합니다(38~39절).

"나는 확신합니다. 죽는 것도, 사는 것도, 천사적인 것도, 악마적인 것도, 현재 일도, 장래 일도, 능력도, 높음도, 깊음도, 그 밖의 어떤 그 무엇도, 우리를 하나님의 사랑에서 떼어

놓을 수 없습니다. 우리 주 예수님께서 우리를 꼭 품고 계시기 때문입니다.”

여기서 우리는 희망을 품을 수 있습니다. 내가 신앙의 입지가 분명하고 내가 순교적인 각오가 되어 있어서가 아니라, 내가 참을성이 좋고 인내심이 좋아서 믿음으로 승리하는 것이 아니라, 예수님께서 그의 품에 우리를 꼭 품고 계시기 때문에 우리는 얼마든지 승리하며 살아갈 수 있는 것입니다. 내 힘이 아닙니다. 이기는 것 자체가 예수님의 은혜의 능력인 줄로 믿습니다.

이처럼 하나님의 사랑을 확신하고 사는 사람은 기도 응답을 못 받아도 흔들리지 않습니다. 병 고침을 못 받아도 꿋꿋하게 살아갑니다. 직장을 잃고, 사업이 잘 안 풀려도 초연하게 살아갑니다. 하나님이 나를 사랑하신다면 그것으로 충분합니다.

내 뜻대로 안 될 수도 있습니다. 나는 기대했는데 그 기대에 못 미칠 수도 있습니다. 될 줄로 알았는데 안 될 수도 있습니다. 그러나 우리에게 치유가 있기를 원합니다. ‘하나님이 나를 사랑하신다면 나는 그것으로 충분합니다.' 이 신앙을 회복하시기를 원합니다. 이것이 행복의 비결입니다. 나 같은 죄인을 위해 독생자를 아낌없이 희생시켜 주신 하나님의 사랑을 생각한다면 인생의 어떤 우여곡절 중에서도 넉넉한 승리자로 살아갈 수 있습니다.

사도 바울은 우리가 예수 안에서 넉넉한 승리자가 될 수 있음을 입체적으로 설명합니다(34절).

첫째, 예수님은 우리를 대신하여 십자가에 못 박혀 죽으셨습니다.

둘째, 예수님은 우리에게 영원한 생명을 주기 위해 살아나셨습니다.

셋째, 예수님은 지금도 우리를 위해 하늘 보좌 우편에서 기도로 돕고 계십니다.

"그렇다면 과연 누가 우리를 그리스도의 사랑에서 끊을 수 있겠습니까?"(롬 8:35, 표준새번역)

성경의 요약이라고 할 수 있는 요한복음 3장 16절 말씀처럼 하나님은 예수님과 우리를 바꾸실 만큼 우리를 사랑하여 주십니다. 요한일서 4장 10절은 이렇게 선포합니다.

사랑은 여기 있으니 우리가 하나님을 사랑한 것이 아니요 하나님이 우리를 사랑하사 우리 죄를 속하기 위하여 화목 제물로 그 아들을 보내셨음이라

하나님을 향한 우리의 사랑이 아니라, 우리를 향한 하나님의 사랑, 바로 이것이 복음의 핵심입니다. 그러므로 '우리 자신'이 해야 하는 일을 강조한다면 그것은 율법의 가르침이고, '예수님'이 이미 하신 일을 강조한다면 그것은 복음의 가르침입니다.

'예수님께서 지금도 당신을 위해서 얼마나 놀라운 사랑을 하고 계시는가.' 그것만 믿으라고 합니다. 하나님이 이처럼 우리를 사랑하신다면 그분은 하늘이 두 쪽 나도 당신을 포기하지 않으십니다. 당신은 수많은 무리 중에 한 사람이 아니라,

온 천지의 창조주 하나님이 특별히 사랑하시는 사람입니다.

뇌성마비 장애를 앓고 있는 송명희 시인의 고백처럼 하나님은 마치 이 세상에서 나 한 사람만 사랑하시는 것처럼 나를 사랑하여 주십니다. 그러므로 내가 지금 가진 것이 없고, 성공과 명예를 누리지 못하고, 일자리를 잃고, 사업이 안 풀리고, 건강이 좋지 않아도 하나님이 나를 사랑하신다는 그 한마디로 행복할 수 있습니다.

미국 시골의 작은 교회에서 목회하던 레만(F. M. Lehman) 목사 부부는 사례를 제대로 받지 못하며 사역했습니다. 사모님은 가족의 생계를 위해 치즈 공장에 나가 일을 했습니다. 그래도 하나님의 사랑에 감격하며 살았습니다. 어느 날은 사모님이 남편의 도시락 속에 그 옛날 스코틀랜드의 신학자 사무엘 레더포드(Samuel Rutherford)가 쓴 시 한 편을 넣어 주었습니다.

"내가 만일 하늘과 땅이라는 넓은 종이를 가졌고, 모든 강물과 바닷물을 잉크로 삼아, 세상의 풀대를 다 붓으로 삼는다 해도 어찌 하나님의 사랑을 다 기록할 수 있으랴"

남편 레만 목사는 마음에 큰 감동을 받아 이것을 찬송가로

작사 작곡하였습니다.

"하늘을 두루마리 삼고 바다를 먹물 삼아도 한없는 하나님의
사랑 다 기록할 수 없겠네 하나님의 크신 사랑 그 어찌 다 쓸까
저 하늘 높이 쌓아도 채우지 못하리 하나님 크신 사랑은 측량
다 못하네. 영원히 변치 않는 사랑 성도여 찬양하세"
(새찬송가 304장 '그 크신 하나님의 사랑')

하나님의 은혜를 생각하는 만큼 비교의식에서 해방됩니다.
자유함을 누리며 살 수 있습니다. 마음에 넉넉함이 생깁니다.
하나님이 나를 사랑하신다는 것 하나만으로도 내 인생은 든든
합니다. 한없이 행복합니다.

유진 피터슨(Eugene H. Peterson)이라는 신학자는 이런 신앙고
백으로 살아간다고 합니다.

"하나님, 그분 말고는 나에게 아무것도 필요치 않습니다."

이 사람이 넉넉한 승리자입니다. 나를 향한 하나님의 사랑
을 생각할수록 넉넉한 행복을 느끼며 살아가게 됩니다. 이것

이 로마서 8장의 최종 결론입니다. 우리를 승리의 정상에 우뚝 세워 주는 능력의 복음입니다.

초대 교회 신자들은 로마 정부와 무력 대결을 하여 승리한 것이 아닙니다. 권력을 쟁취하여 승리한 것도 아닙니다. 오히려 힘없는 희생양이 되고, 카타콤의 지하 토굴에서 일평생 햇볕 한 번 보지 못하고 살다가 저항 없는 순교의 제물이 되면서도 승리의 노래를 불렀습니다. 하나님의 사랑을 확신했기 때문입니다.

오늘 우리도 그렇게 살 수 있습니다. 하나님이 나를 사랑하신다면 우리는 그것으로 충분합니다. 어떤 불리한 상황 속에서도 하나님의 사랑을 확신하는 만큼 넉넉한 승리의식으로 초연하게 살 수 있습니다. 그분의 사랑이 당신을 승리자로 만들어 주기 때문입니다.

사랑은
동사다

초판 1쇄 발행   2017년 11월 01일

지은이   조봉희
발행인   이영훈
주 간   김호성
편집인   김형근
편집장   박인순
기획·편집   강지은
영업·마케팅   김미현 이기쁨 김진홍
디자인   김한희

펴낸곳   교회성장연구소
등 록   제 12-177호
주 소   서울특별시 영등포구 여의공원로 101 CCMM빌딩 7층 703B호
전 화   02-2036-7928(편집팀) 02-2036-7935(마케팅팀)
팩 스   02-2036-7910
쇼핑몰   www.pastormall.net
홈페이지   www.pastor21.net
페이스북   www.facebook.com/pastor21

ISBN ㅣ 978-89-8304-273-6 03230

*값은 뒤표지에 있습니다.
*잘못된 책은 구입하신 서점에서 교환해드립니다.
*이 책 내용의 일부를 사용하려면 반드시 저작권자와 교회성장연구소 양측의 서면동의를 받아야 합니다.

"무슨 일을 하든지 마음을 다하여 주께 하듯 하라." (골 3:23)

교회성장연구소는 한국의 모든 교회가 건강한 교회성장을 이루어 하나님 나라에 영광을 돌리는 일꾼으로 성장하는 것을 목표로, 목회자의 사역과 성도들의 영적 성장을 도울 수 있는 필독서들을 출간하고 있다. 주를 섬기는 사명감을 바탕으로 모든 사역의 시작과 끝을 기도로 임하며 사람 중심이 아닌 하나님 중심으로 경영한다. "무슨 일을 하든지 마음을 다하여 주께 하듯 하라."는 말씀을 늘 마음에 새겨 하나님께서 주신 사명을 기쁨으로 감당하고 있다.